GINO MARCIALIS

# guide des cocktails

SOLAR

Titre original de cet ouvrage :

1 000 COCKTAILS

Traduction-adaptation :
Françoise Lantieri

© 1987, Arnoldo Mondadori éditeur, Milan,
pour l'édition originale
© 1988, Éditions Solar, Paris,
pour la traduction-adaptation française

ISBN : 2-263-01256-7
N° d'éditeur : 1558
Dépôt légal : octobre 1988
Photocomposition P.F.C., Dole
Imprimé en Espagne par Artes Gráficas Toledo, S.A.
D.L.TO:2146-1990

# SOMMAIRE

| | |
|---|---|
| LÉGENDES DES SYMBOLES | page 6 |
| LE MONDE DU SAVOIR-BOIRE | page 7 |
| TYPES DE VERRES | page 8 |
| LE MONDE COLORÉ DES COCKTAILS | page 10 |
| COCKTAILS APÉRITIFS | page 17 |
| COCKTAILS DIGESTIFS | page 105 |
| FANCIES | page 193 |
| LONG DRINKS | page 285 |
| GLOSSAIRE | page 378 |
| INDEX | page 379 |

## LÉGENDE DES SYMBOLES

- Shaker
- Verre à mélange
- Batteur électrique
- Mixer
- Coupe à cocktail
- Grand verre à cocktail
- Flûte
- Coupe à champagne
- Verre à eau
- Verre à sherry (copita)

- Verre à vin
- Verre cylindrique
- Verre à dégustation (ballon)
- Grand tumbler (verre à orangeade)
- Tumbler moyen
- Petit tumbler (verre à whisky)
- Verre à pastis
- Verre à grog
- Passoire à glaçons
- Grande coupe (punch bowl)

- Glaçons
- Glace en morceaux
- Glace pilée
- Fruit évidé
- Cuiller pour cerises et pour glace
- Cuiller à mélange (diablotin)
- Cuiller-pilon (smuggler)
- Batteur (swizzle)
- Chalumeau

## *LE MONDE DU SAVOIR-BOIRE*

*On a beaucoup discuté, durant ces dernières décennies, de l'origine de l'appellation « cocktail » (*cock tail *: queue de coq). Peut-être vient-elle de l'analogie des couleurs de la queue de l'animal emplumé avec celles des nombreux produits utilisés dans la boisson ? Ou bien, comme cela est rapporté dans diverses recettes, de ce pharmacien de La Nouvelle-Orléans, Antoine Peycahud, qui servait à ses clients des mélanges de son invention qu'il préparait dans un « coquetier » ? Ou encore du nom de la très belle fille d'un chef indien, nommée Coquetiers, qui préparait une mixture des herbes les plus propres à donner du bien-être à l'organisme ? Explications réelles ou fantaisistes, cela a peu d'importance. Ce qui est, en revanche, capital — tant pour la parfaite hôtesse qui voudra offrir à ses invités des boissons mélangées que pour les spécialistes qui, dans l'exercice de leurs fonctions, devront satisfaire à la fois l'œil et le palais de leurs clients —, c'est de s'en tenir scrupuleusement aux bonnes règles concernant la préparation de chaque boisson, comme le font depuis toujours les barmen professionnels de l'IBA (International Bartenders Association), afin que déguster un cocktail devienne un plaisir raffiné pour l'hôte en même temps que l'expression de l'habileté, de l'expérience et du bon goût du maître de maison.*

*L'auteur*

# TYPES DE VERRES

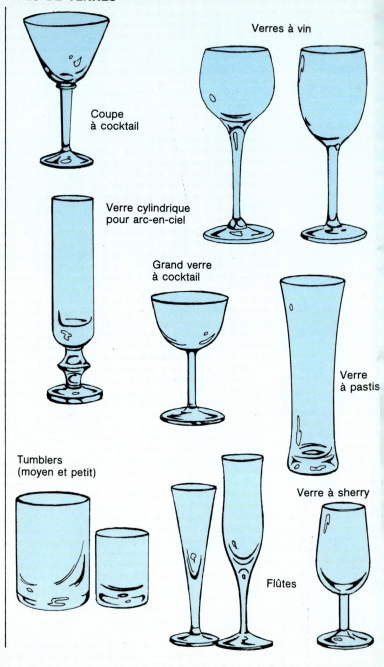

## LE MONDE COLORÉ DES COCKTAILS

Bien que d'invention récente, les cocktails aussi ont une histoire, ou mieux, des « histoires », des légendes, des anecdotes, des curiosités, qui accompagnent leur évolution depuis le moment de leur naissance, à la fin du siècle dernier, jusqu'à aujourd'hui. Le propos n'est cependant pas ici de « raconter », mais bien plutôt d'« informer », de la manière la plus claire et la plus exhaustive possible, sur les règles, codifiées ou non, qui permettent de réaliser un cocktail parfait.

Le mot cocktail est désormais entré dans le langage commun pour désigner tout type de boisson qui résulte des mélanges judicieux de liquides divers, plus ou moins alcoolisés. En réalité, il serait plus opportun de parler de « drinks » d'une manière générale, et d'utiliser le mot « cocktail » dans le sens plus étroit et plus exact de boisson mélangée « courte », c'est-à-dire celle que l'on sert, dans la coupe appropriée, en fin de matinée.

Dans la préparation d'un cocktail, rien ne doit être laissé à l'improvisation : du choix du verre, de la marque des ingrédients aux dosages, chaque détail est le fruit d'attentions, de connaissances et d'expérimentations. C'est seulement lorsqu'on aura atteint un certain degré de sûreté qu'il sera possible de « risquer » sa touche personnelle.

En premier lieu, qu'il s'agisse de la parfaite maîtresse de maison ou du barman, il est essentiel, pour faire bonne impression sur ses hôtes, d'être capable de reconnaître les catégories de cocktails, les divers produits à mélanger harmonieusement entre eux, et de savoir conférer sa touche finale au breuvage par une décoration adéquate et classique. Il règne souvent une grande confusion dans les cafés-bars traditionnels, et même dans certains « bars américains » des endroits à la mode, plus spécialement ceux où n'est pas affiché le petit fanion rouge et bleu, décoré d'une mappemonde et d'un shaker, délivré par l'ABF (Association des barmen de France), et qui est le symbole du haut professionnalisme du barman au regard des catégories et des produits. On confond le punch et le grog, le collins et le fizz ; le sherry (le xérès, vin espagnol) et le cherry brandy (liqueur de cerise) ; ou encore, le curaçao et la crème de cacao, qui sont souvent servis à tort l'un à la place de l'autre. Pour combler cette lacune, on a indiqué la catégorie de référence à côté des mille recettes. Connaître les catégories des cocktails et observer scrupuleusement les règles fondamentales de leur préparation permet au préparateur occasionnel d'honorer ses invités, cependant que le barman pourra être considéré comme le véritable ambassadeur du bien-boire.

Voici une liste, concise mais précieuse, des précautions à prendre et des règles à ne pas oublier :

- Refroidir le verre à mélange et le shaker avec de la glace, puis bien les essuyer, de façon que le cocktail ne soit pas coupé d'eau.
- Respecter les dosages de chaque produit particulier pour que la boisson corresponde bien à la recette.
- Shaker et verre à mélange ne doivent jamais être remplis (de glace et de liquide) plus qu'aux trois quarts.
- Le shaker doit être agité énergiquement, mais pas plus de 6 à 8 secondes, car prolonger l'opération rendrait la préparation aqueuse.
- Jus d'agrumes, de fruits, de tomate ou de légumes, consommé, crème de lait, œuf et chocolat se préparent toujours dans le shaker (jamais dans le verre à mélange).
- Le verre à mélange ne doit jamais être lavé à l'eau chaude quand il est encore glacé, pour éviter qu'il ne se brise.
- Le verre, coupe ou flûte, dans lequel est servi un drink sans glace doit être tenu au freezer au moins 10 minutes ou bien refroidi sur le moment avec de la glace.
- Avant d'entreprendre la préparation d'une quelconque boisson mélangée, veillez à avoir à portée de main les accessoires nécessaires à chaque opération particulière.
- Les jus d'agrumes seront préparés au dernier moment et filtrés à travers la passoire.
- Les jus de fruits obtenus avec la centrifugeuse ou le batteur peuvent être préparés quelques heures à l'avance, gardés en carafe dans le réfrigérateur, avec un trait de citron pour éviter qu'ils ne noircissent.
- Les fruits, agrumes et légumes qui seront utilisés pour les décorations des boissons devront être convenablement lavés et essuyés. Pour les décorations avec des fleurs, la tige sera enveloppée dans un morceau de papier argenté, ou bien enfilée dans un des deux chalumeaux. En ce qui concerne les pétales de rose, il est hygiénique de les placer dans un verre avec de l'alcool blanc fort (Grand Marnier, curaçao blanc, Cointreau, framboise, poire, kirsch ou autre), avant de les disposer dans la boisson.

Quelques autres conseils :
Afin de ne pas avoir de surprises désagréables, comme renverser à coup sûr une partie du mélange sur les invités, on ne doit jamais agiter dans le shaker des vins mousseux, ni de l'eau gazeuse, d'aucun type.

Dans le dessin ci-dessus figurent les ustensiles illustrés aux pages 12 et 13, et nécessaires à la préparation des différents cocktails.

1-2  Shaker
3-4  Verre à mélange
5  Batteur (swizzle)
6  Seau à glace
7  Pince à glace
8  Mesure double
9  Bouchon doseur
10  Petite bouteille compte-gouttes pour angostura
11  Petite bouteille compte-gouttes pour sirops et liqueurs parfumées
12  Presse-agrumes
13  Passoire
14  Passoire à glace (strainer)
15  Cuiller à glace
16  Petite cuiller à long manche
17  Petite fourchette à long manche
18  Petite cuiller à long manche pour boisson
19  Couteau denté
20  Couteau pour tailler en spirale l'écorce d'agrume
21  Tire-bouchon multi-usages
22  Râpe à noix muscade
23  Pince pour champagne et bouchons difficiles
24  Chalumeaux
25  Brochettes décoratives
26  Brochettes ordinaires
27  Petits couteaux et fourchettes pour agrumes et fruits

Si l'on veut servir des boissons mixtes à plusieurs personnes, il faut commencer par aligner et par rapprocher les verres les uns des autres ; remplissez-les ensuite à moitié et recommencez au début, pour obtenir une égale distribution. Les agrumes, dont le jus est utilisé pour la préparation des sours, fizzes, fixes, rickeys et collinses, seront préparés avec le presse-agrumes manuel et non avec un appareil électrique, parce que dans ce dernier cas, l'essence de l'écorce altérerait la saveur des cocktails.

Les boissons composées de fruits et de crème glacée, qui sont servies avec une petite assiette et une cuiller longue, doivent être posées sur une petite serviette ou un set en papier absorbant.

Pour maintenir fraîches les feuilles de menthe, même pendant plusieurs jours, et jusqu'au moment de leur utilisation dans les différentes décorations, lavez-les délicatement et conservez-les au réfrigérateur, dans un petit récipient avec de l'eau. De même pour le basilic, les fleurs, etc.

La crème liquide doit toujours être très fraîche et tenue éloignée des sources de chaleur.

Il est indispensable d'avoir toujours en réserve une petite provision de glaçons, dans un bac en plastique ou en métal.

Le verre ballon que l'on utilise pour servir cognac ou brandy peut être préalablement réchauffé à la vapeur de la machine à café express, avec de l'eau bouillante, ou tout simplement avec la paume de la main, ou même à la flamme, sur les parois externes du ballon, pendant quelques secondes.

Le vin mousseux ou le champagne que l'on utilise dans la préparation des sparklings — ou d'autres catégories de drinks servis individuellement — sera placé dans le seau à glace avec des glaçons et une serviette blanche entre le seau et la bouteille, que l'on aura soin de reboucher après chaque utilisation, à l'aide du bouchon spécial en métal, de façon que la boisson reste pétillante, ce qui est fondamental pour ce type de breuvage. Le sparkling sera préparé en versant toujours le vin mousseux d'abord et les fruits fouettés ensuite.

Il est en outre conseillé de ne pas offrir à ses invités un cocktail classique (s'apparentant aux homologués ABF) accompagné d'une décoration fantaisie. L'ensemble décoration/cocktail, codifié depuis près d'un siècle, est le même dans tous les pays du monde : il doit être respecté par le barman professionnel comme par le préparateur occasionnel de cocktails. Si une décoration fantaisie était utilisée dans un des cocktails classiques internationaux, ce serait comme si, dans le domaine de la mode, on endossait un smoking en y associant des chaussures de tennis... Les cocktails, comme la musique, doivent être exécutés avec la « partition » ; s'ils sont faits « à l'oreille », ils seront sans harmonie, et resteront l'œuvre d'un seul moment, vite oubliée.

## INDICATIONS UTILES
## POUR FACILITER LA RÉALISATION
## DES BOISSONS MÉLANGÉES

En général, la mesure des cocktails (sauf les jus de fruits, les eaux gazeuses, les mousseux, les vins, les agrumes pressés, etc., qui constituent la catégorie des longs drinks) est d'environ 60 g.

*60 g = 6 cuillerées à soupe = 6/6*

Exemple :

> *3/6 de gin*
> *2/6 de vermouth*
> *1/6 de bitter*
> *Total 6/6 = 60 g*

Autre exemple avec des doses différentes :

> *2/4 (= 30 g)*
> *1/4 (= 15 g)*
> *1/8 (= 7,5 g)*
> *1/8 (= 7,5 g)*
> *Total 4/4 = 60 g*

La portion d'un after dinner (cocktail digestif) est parfois de 40 g. Dans ce cas, l'évaluation est la suivante :

> *1/4 = 10 g = 1 cuillerée*
> *1/2 (ou 2/4) = 20 g = 2 cuillerées*
> *1/8 = 5 g = 1/2 cuillerée*
> *1/8 = 5 g = 1/2 cuillerée*

En outre, un trait correspond à une demi-cuillerée à café.

En ce qui concerne les vins, les mousseux, les sodas, les tonics, le Coca, la limonade, etc., les portions sont calculées sur la base de la capacité de la bouteille. Pour le cup, le sparkling ou le champagne cocktail, qui sont servis individuellement, le meilleur doseur reste la flûte ou la coupe.

Dans tous les cas, il est indispensable de respecter scrupuleusement les doses des divers ingrédients.

# Cocktails apéritifs

Apéritifs •
On the rocks •
Smashes

**COCKTAILS APÉRITIFS**

## *ABC* COCKTAIL

3/6 de cognac
1/6 de vermouth rouge
1/6 de vermouth dry
1/6 de cognac framboise

Se prépare dans le verre à mélange avec des glaçons. Se sert dans la coupe à cocktail froide en pressant un zeste de citron au-dessus du verre.

## *Acapulco 2* COCKTAIL

1/3 de tequila
1/3 de Chartreuse jaune
1/3 de citron pressé
1 cuillerée de blanc d'œuf
1 cuillerée de grenadine

Se prépare dans le shaker avec quelques glaçons. Se sert dans le grand verre à cocktail.

## *Ada* COCKTAIL

3/6 de vodka
2/6 de vermouth dry
1/6 de cognac framboise
un trait de rhum brun
une écorce d'orange

Se prépare dans le shaker avec des glaçons. Versez les ingrédients dans l'ordre indiqué, sauf le rhum que vous ajouterez en surface au moment de servir dans la coupe à cocktail.

## *Alexiana* COCKTAIL

2/3 de vodka
1/3 de scotch
un demi-citron vert pressé

Se prépare dans le shaker avec des glaçons. Se sert dans le grand verre à cocktail. Est également indiqué comme digestif.

## *Alicia* SMASH

1/2 de vodka
1/2 de vermouth blanc doux
un trait de curaçao bleu

Pour décorer : un quartier de citron et une cerise au marasquin.

Se prépare directement dans le petit tumbler avec quatre glaçons en morceaux. Mélangez pendant quelques instants. Décorez avec un quartier de citron et une cerise au marasquin.

*De gauche à droite : Globo (p. 65), Chrismar (p. 47), Gustav Cremisi (p. 66).*

**COCKTAILS APÉRITIFS**

## *Alisto* ON THE ROCKS

2/4 de gin
1/4 de vermouth dry
1/4 de peach brandy
quelques gouttes de Cointreau

Se prépare dans le petit tumbler avec quelques glaçons. Mélangez pendant quelques instants avec le batteur ou une cuiller pour boisson à long manche.

## *American Style* COCKTAIL

1/3 de bourbon
1/3 de vermouth dry
1/3 de crème de menthe blanche
un trait d'orange bitter

Pour décorer : une petite feuille de menthe.

Se prépare dans le shaker avec quelques glaçons. Se sert dans la coupe à coktail avec une petite feuille de menthe fraîche.

## *Americano* COCKTAIL

1/2 de bitter Campari
1/2 de vermouth rouge
deux traits d'eau de Seltz ou de soda
Pour décorer : rondelles de citron et d'orange.

Se prépare directement dans le tumbler moyen avec des produits très froids, ou avec des glaçons. (On peut presser un zeste de citron au-dessus du verre.)

## *Amorino* ON THE ROCKS

30 g de Parfait Amour
20 g de vodka citron
20 g de jus de citron
1 petite cuillerée de sirop de sucre

Pour décorer : une spirale d'écorce de citron.

Se prépare dans le shaker avec quelques glaçons. Se sert dans le petit tumbler (glace comprise) avec, en décoration, une spirale d'écorce de citron à cheval sur le bord du verre.

## *Andalousie* COCKTAIL

2/4 de sherry dry
1/4 de brandy Carlos Primero
1/4 d'Amaretto di Saronno

Se prépare dans le verre à mélange avec quelques glaçons. Se sert dans la coupe à cocktail en pressant un zeste d'orange au-dessus du verre.

**COCKTAILS APÉRITIFS**

## *Angela* COCKTAIL

1/3 de vermouth dry  
1/3 de vermouth blanc doux  
1/6 de curaçao bleu  
1/6 de Cointreau  

Se prépare dans le verre à mélange avec quatre ou cinq glaçons. Se sert dans la coupe à cocktail. Décorez avec une cerise au marasquin.

## *Angelino T.* ON THE ROCKS

3/4 de vodka  
1/8 de vermouth rosé  
1/8 de vermouth dry  
quelques gouttes de Cointreau  

Pour décorer : une cerise au marasquin.

Se prépare dans le petit tumbler avec des glaçons. Décorez avec une cerise au marasquin et pressez un zeste d'orange en surface.

## *Anna Pierangeli* ON THE ROCKS

3/6 de Martini rouge  
2/6 d'orange pressée  
1/6 d'apricot brandy  

Pour décorer : une moitié d'abricot au sirop et un quartier d'orange.

Se prépare dans le petit tumbler avec des glaçons. Se sert avec une moitié d'abricot au sirop et un quartier d'orange.

## *Annalisa* COCKTAIL

1/3 de gin  
1/3 de vermouth dry  
1/3 de Cointreau  
2 cuillerées de jus de citron  
un trait de grenadine  

Se prépare dans le verre à mélange avec quelques glaçons. Se sert dans le grand verre à cocktail.

## *Anne Baxter* COCKTAIL

1/3 de Suze  
1/3 de vermouth blanc  
1/3 d'orange pressée  
un trait de Cointreau  

Se prépare dans le shaker avec des glaçons. Se sert dans le grand verre à cocktail ou dans le verre à vin

# *Adonis*

*2/3 de sherry dry*
*1/3 de vermouth rouge*
*une goutte d'orange bitter*

Se prépare dans le verre à mélange en mettant d'abord de la glace, puis les ingrédients dans l'ordre indiqué. Mélangez avec le batteur et servez dans la coupe à cocktail.

**COCKTAILS APÉRITIFS**

## *Anonyme* APÉRITIF

3/4 de verre à vin de vin blanc sec
un trait de Cointreau
un trait de sirop de fraise

Pour décorer : une fraise.

Versez le vin frais dans le verre ;
ajoutez le Cointreau et le sirop de
fraise ; mélangez avec le batteur et
décorez avec une fraise sur le bord.

## *Antigone* ON THE ROCKS

3/6 de vermouth Gancia amer
2/6 de bitter Campari
1/6 de poire williams

Pour décorer : une cerise au
marasquin.

Se prépare directement dans le petit
tumbler avec des glaçons et, en
décoration, une cerise au marasquin.

## *Ara* COCKTAIL

4/6 de vodka
1/6 de sirop de fraise
1/6 de citron pressé

Pour décorer : une fraise.

Se prépare dans le shaker avec
quatre ou cinq morceaux de glace
grossièrement broyée. Se sert dans le
petit tumbler avec le reste de glace.
Décorez avec une fraise.

## *Aristo* COCKTAIL

1/3 d'amaro
1/3 de vodka
1/3 de vermouth dry
trois traits d'apricot brandy

Se prépare dans le verre à mélange
avec quelques glaçons. Se sert dans
la coupe à cocktail en pressant un
zeste de citron au-dessus du verre.

## *Arlette* ON THE ROCKS

3/4 de gin
1/4 de vermouth rosé
deux traits de jus de pomme

Pour décorer : une petite boule de
pomme.

Se prépare dans le petit tumbler avec
quatre ou cinq glaçons. Décorez le
verre avec une petite boule de
pomme (recueillie avec le couteau à
fruits) ou un quartier. Est indiqué
avant les principaux repas.

COCKTAILS APÉRITIFS

## *Arna* COCKTAIL

*4/6 de gin*
*1/6 de vermouth dry*
*1/6 de jus d'ananas frais*
*un trait de sirop de framboise*

Pour décorer : un morceau d'ananas et une framboise.

Se prépare dans le shaker avec des glaçons. Se sert dans le grand verre à cocktail. Décorez avec un petit morceau d'ananas et une framboise enfilés sur une brochette en bois.

## *Asce* COCKTAIL

*4/6 de vodka citron*
*1/6 de brandy*
*1/6 de curaçao bleu*
*quelques gouttes d'apricot brandy*

Se prépare dans le verre à mélange avec des glaçons. Se sert dans la coupe à cocktail bien fraîche en pressant avec un zeste d'orange au-dessus du verre.

## *Augusta B.* ON THE ROCKS

*4/6 de vermouth blanc*
*1/6 d'amaro*
*1/6 de vodka ananas*

Pour décorer : un petit morceau d'ananas et une cerise au marasquin.

Se prépare dans le petit tumbler avec deux ou trois glaçons. Décorez avec un petit morceau d'ananas et une cerise au marasquin.

## *Baby* COCKTAIL

*3/4 de gin*
*1/4 de jus de pomme*
*1 cuillerée de blanc d'œuf*
*deux traits de grenadine*

Se prépare dans le shaker avec des glaçons. Se sert dans le grand verre à cocktail ou dans le verre à vin.

## *Banana Daiquiri* COCKTAIL

*5/6 de rhum Saint-James blanc*
*1/6 de citron vert pressé*
*une petite boule de glace à la banane*
*deux traits de crème de banane*

Se prépare dans le mixer avec une cuillerée de glace pilée, à la vitesse 2 pendant 15 secondes. Se sert dans le grand verre à cocktail.

**COCKTAILS APÉRITIFS**

## *Banana Daiquiri 2* COCKTAIL

4/6 de rhum blanc
2/6 de crème de banane
deux traits de marasquin
le jus d'un demi-citron vert

Pour décorer : deux rondelles de banane.

Se prépare dans le mixer, avec une grosse cuillerée de glace pilée, à la vitesse 2 pendant 15 secondes. Se sert dans le grand verre à cocktail.

## *Base* COCKTAIL

3/6 de vodka
2/6 de calvados
1/6 de curaçao bleu

Pour décorer : une cerise au marasquin.

Se prépare dans le verre à mélange avec des glaçons. Se sert dans la coupe à cocktail. Décorez avec une cerise au marasquin.

## *Bastia* ON THE ROCKS

2/4 de mirabelle
1/4 d'apricot brandy
1/4 de jus d'orange
une goutte de Ricard

Pour décorer : une cerise au marasquin.

Se prépare dans le petit tumbler avec quelques glaçons. Décorez avec une cerise au marasquin. Peut se prendre aussi après les principaux repas.

## *Bellamia* ON THE ROCKS

2/4 de vodka
1/4 de Carpano blanc
1/8 de vermouth dry
1/8 de mandarine Napoléon
un trait de bitter Rossi

Se prépare directement dans le petit tumbler avec des glaçons, après avoir bien mélangé avec le batteur ou la cuiller à long manche.

## *Bellizzi* ON THE ROCKS

3/5 de vodka citron
1/5 de Gancia amer
1/5 de Carpano blanc

Se prépare dans le petit tumbler avec quelques glaçons. Décorez avec une cerise au marasquin et une demi-rondelle d'orange.

◀ *De gauche à droite :*
*Cirius (p. 47), Madia (p. 78), Kim Novak (p. 71).*

## 2.

# *Affinity*

1/2 de scotch
1/4 de vermouth dry
1/4 de vermouth rouge
deux gouttes
d'Angostura

Se prépare dans le verre à mélange avec des glaçons ; ajoutez les ingrédients dans l'ordre indiqué. Se sert dans la coupe à cocktail en retenant la glace avec la passoire.

**COCKTAILS APÉRITIFS**

## *Bernini* COCKTAIL

3/5 de vodka Moskovskaya
1/5 de liqueur Galliano
1/5 de citron pressé
deux gouttes de Pernod

Se prépare dans le shaker avec quelques glaçons. Se sert dans le grand verre à cocktail.

## *Biffi* ON THE ROCKS

1/2 de vermouth dry
1/2 de bitter Campari
2 cuillerées d'orange pressée
deux traits de triple sec ou de Cointreau

Pour décorer : une rondelle d'orange.

Se prépare dans le shaker avec quelques glaçons. Se sert dans le tumbler moyen ou le petit tumbler avec la glace. Décorez avec une rondelle d'orange.

## *Biky* ON THE ROCKS

1/2 de vermouth blanc
1/2 de Martini rouge
un ou deux traits d'eau de Seltz
(facultatif)

Se prépare directement dans le petit tumbler avec quelques glaçons. Décorez avec une demi-rondelle d'orange.

## *Binghi* ON THE ROCKS

3/5 de sherry dry
1/5 de Suze
1/5 de vodka pamplemousse
1 cuillerée de sirop de papaye

Pour décorer : un quartier de pamplemousse.

Se prépare dans le shaker avec quelques glaçons. Se sert, glace comprise, dans le petit tumbler. Décorez avec un quartier de pamplemousse.

## *Bis* ON THE ROCKS

3/6 d'eau-de-vie de framboise
1/6 de sherry dry
1/6 de liqueur de menthe verte

Pour décorer : une pousse de menthe fraîche et quelques framboises.

Se prépare directement dans le petit tumbler avec quelques glaçons. Décorez avec une pousse de menthe fraîche et quelques framboises.

**COCKTAILS APÉRITIFS**

## *Bitter-Schweppes* APÉRITIF

40 g de bitter Campari
1/4 de petite bouteille de Schweppes

Pour décorer : une demi-rondelle d'orange.

Se prépare dans le tumbler moyen avec des glaçons (ou bien dans le verre à vin, sans glace mais avec des produits bien frais). Décorez avec une demi-rondelle d'orange.

## *Bitter Classico* APÉRITIF

40 g ou plus de bitter Campari
deux-trois traits ou plus d'eau de Seltz ou de soda

Versez le Campari (convenablement refroidi au préalable dans le freezer) dans le verre à vin ou le tumbler également froids, et ajoutez eau de Seltz froide ou soda. (N'utilisez ni eau minérale ni citron.)

## *Bitter On The Rocks* APÉRITIF

50 g de bitter Campari
4 ou 5 glaçons

Se prépare dans le petit tumbler avec quatre ou cinq glaçons. Versez le Campari et mélangez avec le batteur ou la cuiller à long manche.

## *Bitter-Shaker* APÉRITIF

4 ou 5 glaçons
40 g (ou plus) de bitter Campari

Se prépare dans le shaker préalablement refroidi avec de la glace. Versez le Campari et agitez pendant 6 à 8 secondes. Se sert aussitôt dans le verre à vin ou dans le tumbler moyen.

## *Block* COCKTAIL

2/5 de rhum brun
2/5 de vermouth dry
1/5 de triple sec ou de Cointreau
deux gouttes de Pernod

Se prépare dans le verre à mélange avec des glaçons. Se sert dans la coupe à cocktail en pressant un zeste d'orange en surface.

## 3.

# *Alaska*

3/4 de gin
1/4 de Chartreuse jaune

Se prépare dans le shaker avec quatre ou cinq glaçons ; ajoutez les autres ingrédients. Se sert dans la coupe à cocktail.

**COCKTAILS APÉRITIFS**

## *Blue Lady* COCKTAIL

2/3 de curaçao bleu
1/3 de gin
2 cuillerées de jus de citron
1 cuillerée de blanc d'œuf

Pour décorer : une cerise au marasquin.

Se prépare dans le shaker avec quelques glaçons. Se sert dans le grand verre à cocktail avec une cerise au marasquin.

## *Borger* COCKTAIL

1/3 de Grand Marnier
1/3 de vermouth rouge
1/3 de vodka clémentine

Pour décorer : une cerise au marasquin.

Se prépare dans le shaker avec des glaçons. Se sert dans la coupe à cocktail avec une cerise au marasquin.

## *Borussia* COCKTAIL

1/3 de Cinzano blanc
1/3 de Himbeergeist
1/6 de Suze
1/6 de scotch

Pour décorer : un morceau de piment jaune, un rouge et une olive noire.

Se prépare dans le verre à mélange avec des glaçons. Se sert dans la coupe à cocktail. Décorez avec un petit morceau de piment jaune et de piment rouge, une olive noire, enfilés sur une brochette de bois.

## *Botton* ON THE ROCKS

3/5 de vodka Absolut
1/5 d'Amaretto di Saronno
1/5 de bitter Campari

Se prépare dans le shaker avec des glaçons. Se sert dans le petit tumbler, glace restante comprise.

## *Bourbon Manhattan* ON THE ROCKS

2/3 de bourbon
1/3 de vermouth rouge
un trait d'Angostura

Pour décorer : une cerise au marasquin.

Se prépare directement dans le petit tumbler, en mettant d'abord quatre ou cinq glaçons, puis le reste des ingrédients. Mélangez quelques instants avant de servir.

## *Brandy ABM* COCKTAIL

3/6 de cognac
2/6 de liqueur d'ananas
1/6 de marasquin
2 cuillerées de citron pressé

Pour décorer : une cerise au marasquin.

Se prépare dans le shaker avec des glaçons. Se sert dans le grand verre à cocktail avec une cerise au marasquin.

## *Brandy Cocktail* SMASH

5/6 de cognac
1/6 de liqueur de menthe
1 cuillerée de sucre
1 cuillerée de soda
3-4 cubes de glace en morceaux

Pour décorer : six petites feuilles de menthe.

Dans le petit tumbler, versez la menthe, le sucre, l'eau, la liqueur de menthe, et pressez avec la cuiller-pilon. Éliminez les filaments de menthe, ajoutez la glace, le cognac, et mélangez pendant quelques instants.

## *Brasileiro* COCKTAIL

3/6 de rhum Saint-James blanc
1/6 de liqueur Galliano
1/6 de crème de banane
1/6 de crème liquide
deux traits de grenadine

Se prépare dans le shaker avec quelques glaçons. Se sert dans le grand verre à cocktail ou dans le verre à vin. La crème doit toujours être fraîche du jour et conservée dans le réfrigérateur jusqu'à l'utilisation.

**COCKTAILS APÉRITIFS**

## *Bronson* COCKTAIL

2/6 de vermouth dry
2/6 de vermouth doux
1/6 de cognac
1/6 d'orange pressée

Se prépare dans le shaker avec quelques glaçons. Se sert dans le grand verre à cocktail ou dans le verre à vin. Pressez un zeste d'orange au-dessus du verre.

## *Burnich* COCKTAIL

3/6 de whisky de malt
2/6 de vermouth rouge
1/6 de Suze
un trait d'Angostura
un trait de marasquin

Pour décorer : une cerise au marasquin.

Se prépare dans le verre à mélange avec des glaçons. Se sert dans la coupe à cocktail avec une cerise au marasquin.

## *Cabot* COCKTAIL

1/4 d'amaro
1/4 de Suze
1/4 de liqueur Galliano
1/4 de Boonekamp

Se prépare dans le verre à mélange avec des glaçons. Se sert dans la coupe à cocktail.

## *Cadinka* ON THE ROCKS

1/4 de vodka Absolut
1/4 de Chartreuse jaune
2/4 de vermouth dry

Pour décorer : une cerise au marasquin.

Se prépare directement dans le petit tumbler avec quelques glaçons. Décorez avec une cerise au marasquin.

## *Cam* COCKTAIL

3/6 de gin
2/6 de vermouth dry
1/6 de bitter Campari

Se prépare dans le verre à mélange avec des glaçons. Se sert dans la coupe à cocktail refroidie. (Facultatif un zeste de citron ou d'orange.)

*De gauche à droite
Los Angeles (p. 75), La Corrida (p. 72), Clan 2 (p. 47)*

**COCKTAILS APÉRITIFS**

## *Caminemo* ON THE ROCKS

2/6 de tequila
2/6 de jus de pamplemousse
1/6 de jus de fruit de la passion
1/6 de sirop de papaye

Pour décorer : une rondelle d'orange et de citron.

Se prépare dans le shaker avec des glaçons. Se sert dans le petit tumbler, glace comprise.

## *Caminito* COCKTAIL

3/6 de cachaca
2/6 de vermouth blanc
1/6 de triple sec

Se prépare dans le shaker avec des glaçons. (Le cachaca est un alcool brésilien obtenu par fermentation de la canne à sucre.) Se sert dans la coupe à cocktail en pressant un zeste d'orange au-dessus du verre.

## *Campari And Gin* ON THE ROCKS

1/2 de gin
1/2 de bitter Campari

Se prépare dans le tumbler moyen ou dans le petit tumbler avec quatre ou cinq glaçons ; versez le gin puis le Campari et mélangez pendant quelques instants avec le batteur ou la cuiller longue pour boisson.

## *Campari And Orange* COCKTAIL

40 g de bitter Campari
une orange pressée
1 cuillerée de sirop de fraise

Se prépare dans le shaker avec quelques glaçons en agitant pendant quelques secondes. Se sert dans le verre à vin (ou dans le tumbler moyen, si l'on met des glaçons).

**COCKTAILS APÉRITIFS**

## *Campari Rosé* COCKTAIL

4/6 de Cordial Campari
(ou cognac framboise)
1/6 de bitter
1/6 de vodka

Se prépare dans le shaker avec quelques glaçons ; versez d'abord le Cordial et le bitter et agitez pendant 6 à 8 secondes. Servez le mélange dans la coupe à cocktail, ajoutez la vodka et pressez un zeste d'orange en surface, sans mélanger.

## *Cantor* COCKTAIL

2/5 de vermouth blanc
1/5 d'Izarra jaune
1/5 de triple sec
1/5 de bitter Campari
quelques gouttes de jus de citron

Pour décorer : une cerise au marasquin.

Se prépare dans le shaker avec quelques glaçons. Se sert dans la coupe à cocktail avec une cerise au marasquin.

## *Capriolo* COCKTAIL

3/6 de cachaca
2/6 de marasquin
1/6 de Cointreau
un demi-citron vert pressé

Pour décorer : une cerise verte au marasquin.

Se prépare dans le shaker avec des glaçons. Se sert dans le grand verre à cocktail. Décorez avec une cerise verte au marasquin.

## *Captain Blood* ON THE ROCKS

3/6 d'orange sanguine pressée
2/6 de rhum Saint-James Impérial blanc
1/6 de sirop de sucre
un trait d'eau de Seltz (facultatif)

Se prépare directement dans le petit tumbler avec quelques glaçons. Mélangez avec le batteur ou la cuiller longue.

# Alexandra

1/3 de cognac
1/3 de crème de cacao brune
1/3 de crème fraîche

Se prépare dans le shaker avec des glaçons. Se sert dans la coupe à cocktail avec une pincée de noix muscade.

**COCKTAILS APÉRITIFS**

## *Cardin* COCKTAIL

3/4 de vodka
1/8 de cherry brandy
1/8 de vermouth dry
trait de bitter Campari
deux gouttes de crème de cassis

Pour décorer : une cerise au marasquin.

Se prépare dans le shaker avec quelques glaçons. Se sert dans la coupe à cocktail avec une cerise au marasquin.

## *Cariaggi* COCKTAIL

1/3 de kirsch
1/3 de Chartreuse jaune
1/3 d'orange pressée

Pour décorer : une cerise au marasquin.

Se prépare dans le shaker avec des glaçons. Se sert dans le grand verre à cocktail avec une cerise au marasquin.

## *Carla* COCKTAIL

2/3 de vermouth dry
1/3 d'amaro
deux traits d'apricot brandy

Pour décorer : une olive verte.

Se prépare dans le verre à mélange avec des glaçons. Se sert dans la coupe à cocktail avec une olive verte.

## *Casanova 87* ON THE ROCKS

3/6 de gin
2/6 de Carpano
1/6 de mirabelle
un trait de sirop de papaye

Pour décorer : un quartier de papaye.

Se prépare dans le shaker avec des glaçons. Se sert dans le petit tumbler avec la glace restante et un quartier de papaye.

## *Casual* COCKTAIL

1/5 de vodka menthe
2/5 de rhum blanc
2/5 de vermouth rosé

Se prépare dans le shaker avec des glaçons ; agitez pendant 6 à 8 secondes. Se sert dans la coupe à cocktail en pressant un zeste de citron au-dessus du verre.

**COCKTAILS APÉRITIFS**

## *Catherine* ON THE ROCKS

3/6 de gin
2/6 de vermouth dry
1/6 de Cointreau
1 cuillerée de maracujà
trois gouttes d'Izarra verte

Se prépare dans le shaker avec des glaçons. Se sert dans le petit tumbler, glace comprise. Décorez avec un quartier d'orange et une cerise rouge.

## *Cawnpore* COCKTAIL

2/4 de vodka
1/4 de Suze
1/4 de vermouth dry
un trait de Fernet-Branca

Pour décorer : une cerise au marasquin.

Se prépare dans le verre à mélange avec des glaçons. Se sert dans la coupe à cocktail avec une cerise au marasquin.

## *Champion* ON THE ROCKS

2/3 de vermouth blanc
1/3 de liqueur de pêche
un trait de triple sec ou de Cointreau

Se prépare directement dans le petit tumbler avec des glaçons. Décorez avec une cerise au marasquin.

## *Cherry Blossom 2* COCKTAIL

3/5 de cherry brandy
2/5 de mirabelle
une demi-orange pressée

Pour décorer : une cerise au marasquin.

Se prépare dans le shaker avec des glaçons. Se sert dans la coupe à cocktail avec une cerise au marasquin.

## *Cherry One* COCKTAIL

1/6 de gin
4/6 de cherry Heering
1/6 de vermouth dry
deux traits de jus de citron

Se prépare dans le shaker avec quelques glaçons. Se sert dans la coupe à cocktail en pressant un zeste d'orange au-dessus du verre.

# 5.

# Angel Face

1/3 de gin
1/3 d'apricot brandy
1/3 de calvados

Se prépare dans le shaker avec des glaçons ; agitez énergiquement pendant quelques instants. Servez dans la coupe à cocktail.

**COCKTAILS APÉRITIFS**

## *Cheviot* COCKTAIL

3/5 de irish whiskey
2/5 de vermouth blanc doux
quelques gouttes de liqueur Galliano
deux traits de jus de citron

Pour décorer : une cerise au marasquin.

Se prépare dans le shaker avec des glaçons. Se sert dans la coupe à cocktail. Décorez avec une cerise au marasquin.

## *Chiavi D'oro* COCKTAIL

3/6 de vermouth dry
2/6 de gin
1/6 d'Amaretto di Saronno

Pour décorer : une cerise au marasquin.

Se prépare dans le verre à mélange avec des glaçons. Se sert dans la coupe à cocktail avec une cerise au marasquin.

## *Chicote* COCKTAIL

1/2 de gin
1/2 de vermouth dry
deux traits de Grand Marnier

Se prépare dans le shaker avec des glaçons. Se sert dans le grand verre à cocktail.

## *Chiria* ON THE ROCKS

2/5 de Cinzano blanc
2/5 de rhum Bacardi
1/5 de curaçao bleu
un demi-citron pressé

Se prépare dans le shaker avec des glaçons. Se sert dans le petit tumbler, glace comprise.

## *Chris Evert* ON THE ROCKS

1/2 de vodka
1/2 de curaçao bleu
2 cuillerées de citron pressé

Pour décorer : une demi-rondelle d'orange et une cerise rouge.

Se prépare directement dans le petit tumbler avec des glaçons. Mélangez pendant quelques instants puis décorez avec une demi-rondelle d'orange et une cerise rouge.

**COCKTAILS APÉRITIFS**

## *Chrismar* ON THE ROCKS (ph. p. 19)

2/5 de bourbon
2/5 de vermouth blanc doux
1/5 d'apricot brandy
un trait d'Amer Picon

Pour décorer : une cerise au marasquin et une spirale d'écorce d'orange.

Se prépare directement dans le petit tumbler avec des glaçons. Décorez avec une cerise au marasquin et une spirale d'écorce d'orange.

## *Cinque Lustri* COCKTAIL

1/2 de sherry dry
1/2 de vermouth dry
un trait de Cointreau
un trait de curaçao bleu

Pour décorer : une cerise au marasquin.

Se prépare dans le verre à mélange avec des glaçons. Se sert dans la coupe à cocktail avec une cerise au marasquin.

## *Cirius* COCKTAIL (ph. p. 26)

2/3 de gin
1/3 de jus d'ananas
1 cuillerée de jus de citron
un trait de sirop de framboise

Pour décorer : un morceau d'ananas et une cerise.

Se prépare dans le shaker avec quelques glaçons. Se sert dans le grand verre à cocktail avec un petit morceau d'ananas et une cerise, enfilés sur une brochette en bois.

## *Clan 2* ON THE ROCKS (ph. p. 37)

3/5 de gin
1/5 de kirsch
1/5 d'Izarra jaune
une demi-tangerine pressée

Pour décorer : une cerise au marasquin.

Se prépare dans le shaker, avec quelques glaçons, en filtrant la tangerine (croisement de mandarine et pamplemousse) à travers la passoire. Servez avec les glaçons dans le tumbler moyen. Décorez avec une cerise au marasquin.

## COCKTAILS APÉRITIFS

## *Clara* ON THE ROCKS

*une orange pressée*
*20 g de gin*
*20 g de Cointreau*
*deux traits de sirop de kiwi*

Pour décorer : un quartier d'orange.

Après avoir pressé et filtré l'orange, versez-la dans le shaker (avec des glaçons) en même temps que les autres ingrédients et agitez pendant 6 à 8 secondes. Se sert dans le petit tumbler avec la glace restante et un quartier d'orange.

## *Clifton* ON THE ROCKS

*3/6 de canadian whisky*
*1/6 de Cointreau*
*1/6 de sherry Tio Pepe*
*1/6 de bitter Campari*

Pour décorer : une cerise.

Se prépare dans le petit tumbler avec des glaçons. Décorez avec une cerise au marasquin.

## *Clyde* COCKTAIL

*2/5 de vodka Chaskaya rouge*
*1/5 de mandarine Napoléon*
*2/5 de jus de pamplemousse*

Se prépare dans le shaker avec quelques glaçons. Se sert dans le grand verre à cocktail. (Le total global des ingrédients est de 60 g.)

## *Cook* COCKTAIL

*1/4 de jus de pamplemousse*
*1/4 de rhum blanc*
*quelques gouttes de maracujà bien frais*
*2/4 de vodka ananas*

Se prépare dans le shaker avec des glaçons. Se sert dans le grand verre à cocktail avec un quartier de pamplemousse et une cerise au marasquin.

## *Cool Lady* COCKTAIL

*50 g de vodka pêche*
*trois traits de crème de banane*
*quelques gouttes d'Unicum*

Se prépare dans le verre à mélange avec des glaçons. Se sert dans la coupe à cocktail avec une cerise au marasquin.

◀ *De gauche à droite :*
*Florius 1 (p. 59), Paul (p. 87), Cremisi (p. 52).*

# 6.

# *Bacardi*

3/4 de rhum Bacardi
1/4 de jus de citron vert
deux traits de grenadine

Se prépare dans le shaker. Se sert dans le grand verre à cocktail.

**COCKTAILS APÉRITIFS**

## *Cork* COCKTAIL

2/6 de cognac
2/6 de vermouth dry
1/6 de Cointreau
1/6 de Drambuie

Se prépare dans le verre à mélange avec des glaçons. Se sert dans la coupe à cocktail en pressant un zeste d'orange au-dessus du verre.

## *Costa Smeralda* COCKTAIL (ph. p. 57)

4/6 de vermouth dry
1/6 de vodka ananas
1/6 de curaçao bleu

Se prépare dans le verre à mélange avec quelques glaçons. Se sert dans la coupe à cocktail.

## *Costa Smeralda 2* ON THE ROCKS

1/3 de vin blanc sec
1/3 de vermouth blanc doux
1/3 de vodka ananas
1 cuillerée de jus de citron
deux traits de curaçao bleu

Se prépare directement dans le petit tumbler avec des glaçons. Décorez avec un petit morceau d'ananas et une cerise au marasquin enfilés sur une brochette en bois.

Pour décorer : un morceau d'ananas et une cerise au marasquin.

## *Cremisi* APÉRITIF (ph. p. 48)

2/3 de verre à vin de vin blanc sec
un trait de crème de cassis
un trait de sirop de fraise
deux traits d'eau de Seltz

Versez le vin froid dans le verre à apéritif refroidi, ajoutez les deux sirops, l'eau de Seltz, et un zeste de citron.

## *Cris* ON THE ROCKS

3/6 de sherry dry
2/6 de rhum blanc
1/6 de crème de cassis

Se prépare directement dans le petit tumbler avec quelques glaçons. Servez avec un zeste d'orange.

**COCKTAILS APÉRITIFS**

## *Crisma* COCKTAIL

1/3 de bitter Campari
1/3 de gin
1/3 d'amaro

Se prépare dans le shaker avec quelques glaçons, une longue écorce d'orange, puis les ingrédients. Agitez pendant quelques instants. Se sert dans la coupe à cocktail froide.

## *Crown* COCKTAIL

2/6 de rhum blanc
1/6 de Cointreau
2/6 de vermouth dry
1/6 de Suze

Se prépare dans le verre à mélange avec des glaçons. Mélangez pendant quelques instants, puis servez dans la coupe à cocktail en pressant un zeste de citron au-dessus du verre.

## *Crush* COCKTAIL

3/5 de gin
1/5 de triple sec
1/5 de crème de banane
2 cuillerées de citron pressé

Pour décorer : une rondelle de banane.

Se prépare dans le shaker avec des glaçons. Se sert dans le verre à vin ou le grand verre à cocktail. Décorez avec une rondelle de banane.

## *Cupar* COCKTAIL

3/6 de Pimm's n° 1
2/6 de Cointreau
1/6 de curaçao bleu
quelques gouttes de citron pressé

Se prépare dans le shaker avec des glaçons. Se sert dans la coupe à cocktail en pressant un zeste de citron au-dessus du verre.

## *Cusi* ON THE ROCKS

3/5 de vermouth blanc
1/5 de canadian whisky
1/5 de bitter Campari
quelques gouttes d'Angostura

Se prépare directement dans le petit tumbler avec des glaçons.

**COCKTAILS APÉRITIFS**

## *Daiquiri New Fashion 3* COCKTAIL

3/6 de rhum blanc
2/6 de Cointreau
1/6 de vodka ananas
2 cuillerées de jus de citron vert

Pour décorer : une cerise au marasquin.

Versez, dans l'ordre, des liquides dans le shaker avec des glaçons (ou bien dans le batteur électrique avec une grosse cuillerée de glace pilée). Se sert dans le grand verre à cocktail avec une cerise au marasquin.

## *Dandy* COCKTAIL

3/4 de scotch
1/8 de vermouth dry
1/8 de sirop de fraise
quelques gouttes d'Unicum

Pour décorer : une cerise au marasquin.

Se prépare dans le shaker avec quelques glaçons. Se sert dans la coupe à cocktail avec une cerise au marasquin.

## *Danieli* COCKTAIL

3/5 d'Aurum
1/5 d'eau-de-vie de framboise
1/5 de jus de citron
quelques gouttes de sirop de fraise

Se prépare dans le shaker avec quelques glaçons. Se sert dans le grand verre à cocktail préalablement refroidi.

## *Darwin* COCKTAIL

1/3 de scotch
1/3 de rhum Saint-James ambré
1/6 de citron pressé
1/6 d'apricot brandy
1 cuillerée à café de miel

Se prépare dans le shaker avec des glaçons. Se sert dans le grand verre à cocktail.

## *David* ON THE ROCKS

3/6 de bourbon
2/6 de vermouth amer
1/6 de liqueur Galliano

Se prépare dans le petit tumbler avec des glaçons. Décorez avec une cerise au marasquin et en pressant un zeste d'orange au-dessus du verre.

**COCKTAILS APÉRITIFS**

## *Déesse Blanche* COCKTAIL

4/5 de rhum Saint-James Impérial
blanc
1/5 de marasquin
deux traits de sirop d'orgeat
un demi-citron pressé
la moitié d'un blanc d'œuf

Se prépare dans le shaker avec
quelques glaçons. Se sert dans le
grand verre à cocktail avec une cerise
au marasquin.

## *Delsio* ON THE ROCKS

1/5 d'amaro
2/5 de bitter Campari
2/5 de Martini rouge
quelques gouttes de Fernet-Branca

Pour décorer : quelques spirales
d'écorce d'orange.

Se prépare dans le shaker avec des
glaçons. Se sert dans le petit tumbler
avec toute la glace restée dans le
shaker. Décorez avec des spirales
d'écorce d'orange.

## *Demitri* ON THE ROCKS

3/6 de vodka banane
1/6 de vermouth blanc
1/6 de cognac framboise
1/6 de citron pressé

Se prépare dans le shaker avec des
glaçons. Se sert dans le petit
tumbler, glace comprise.

## *Diane* COCKTAIL

2/5 de vodka clémentine
1/5 de mandarine Napoléon
2/5 de jus d'orange
quelques gouttes de jus de citron

Se prépare dans le shaker avec
quelques glaçons. Se sert dans le
grand verre à cocktail.

## *Dilettoso* ON THE ROCKS

2/5 de cognac
2/5 de Punt e Mes
1/5 d'apricot brandy

Se prépare dans le petit tumbler avec
quelques glaçons. Décorez avec une
cerise au marasquin et pressez un
zeste d'orange au-dessus du verre.

**COCKTAILS APÉRITIFS**

## *Dolce-Amaro 2* COCKTAIL

3/6 de vermouth doux
2/6 d'amaro
1/6 de bitter Campari
un trait d'Unicum

Pour décorer : une cerise au marasquin.

Se prépare dans le verre à mélange avec quelques glaçons. Se sert dans la coupe à cocktail. Décorez avec une cerise au marasquin et pressez un zeste d'orange au-dessus du verre.

## *Don* COCKTAIL

2/4 de porto blanc doux
1/4 de cognac
1/4 de bitter Campari

Se prépare dans le verre à mélange avec quelques glaçons. Se sert dans la coupe à cocktail, bien refroidie au préalable dans le freezer, ou bien avec quelques cubes de glace.

## *Don Pedro* ON THE ROCKS

3/6 de porto blanc doux
2/6 de gin
1/6 d'apricot brandy
un trait d'eau de Seltz (facultatif)

Pour décorer : un morceau d'abricot au sirop.

Se prépare directement dans le petit tumbler (ou dans le tumbler moyen) avec quelques glaçons et un petit morceau d'abricot au sirop.

## *Don Pedro 2* ON THE ROCKS

4/6 de sherry dry
1/6 de brandy Carlos Primero
1/6 d'apricot brandy

Se prépare directement dans le petit tumbler avec quelques glaçons ; pressez ensuite un zeste d'orange au-dessus du verre.

## *Dorella* COCKTAIL

2/4 de sherry dry
1/4 de Bristol Cream
1/4 de gin
quelques gouttes d'Angostura

Se prépare dans le verre à mélange avec des glaçons. Se sert dans le grand verre à cocktail en pressant une écorce d'orange en surface.

*De gauche à droite :* ▶
*Costa Smeralda (p. 52), Roses Gin (p. 94), Inox (p. 67).*

**COCKTAILS APÉRITIFS**

## *Doux-Amer* COCKTAIL

2/4 de vermouth doux
1/4 d'Amaretto di Saronno
1/8 de jus de citron
1/8 d'Amer Picon

Se prépare dans le shaker avec quelques glaçons. Se sert dans le grand verre à cocktail bien refroidi au préalable.

## *Dover* ON THE ROCKS

2/6 de rhum blanc
1/6 de Martini blanc
2/6 de jus de pamplemousse
1/6 de mandarine Napoléon

Se prépare dans le shaker avec quelques glaçons. Agitez pendant 6 à 8 secondes. Se sert dans le petit tumbler avec la glace restante.

## *Dream* COCKTAIL

2/4 de kirsch
1/4 de vermouth dry
1/4 de porto blanc

Pour décorer : une cerise au marasquin.

Mettez quatre ou cinq glaçons dans le verre à mélange ; versez le kirsch (alcool de cerise), le vermouth et le porto doux ; mélangez pendant 6 à 8 secondes avec le batteur. Servez dans la coupe à cocktail. Décorez avec une cerise au marasquin.

## *El Matador* COCKTAIL

50 g de gin
5 g de sherry dry
5 g de bitter Campari

Pour décorer : une olive au piment.

Se prépare dans le verre à mélange avec quelques glaçons ; versez les ingrédients et mélangez pendant 6 à 8 secondes. Se sert dans la double coupe à cocktail avec une olive.

**COCKTAILS APÉRITIFS**

## *Elizabeth* COCKTAIL

3/6 d'Amer Picon
1/6 de scotch
1/6 d'apricot brandy
1/6 de jus d'orange frais

Se prépare dans le shaker avec quelques glaçons. Se sert dans le grand verre à cocktail.

## *Flober* COCKTAIL

2/4 de cognac
1/4 de Tia Maria
(liqueur au café)
1/8 de curaçao
1/8 de liqueur Galliano
quelques gouttes de jus de citron

Pour décorer : une cerise au marasquin.

Se prépare dans le shaker avec des glaçons. Se sert dans la coupe à cocktail avec une cerise au marasquin.

## *Florius 1* COCKTAIL (ph. p. 48)

4/6 de marsala sec
1/6 de Drambuie
1/6 de bourbon

Pour décorer : deux grains de raisin à cheval sur le bord du verre.

Se prépare dans le verre à mélange avec des glaçons ; mélangez pendant quelques instants avec le batteur. Servez dans la coupe à cocktail.

## *Florius 2* COCKTAIL

3/5 de marsala sec
1/5 de Suze
1/5 de Cointreau

Se prépare dans le verre à mélange avec quelques glaçons. Versez les ingrédients et mélangez pendant quelques instants. Servez dans la coupe à cocktail en pressant un zeste d'orange au-dessus du verre.

# 7.

# Bamboo

1/2 de sherry dry
1/2 de vermouth dry
une goutte d'orange bitter

Se prépare dans le verre à mélange préalablement refroidi avec de la glace. Versez les ingrédients indiqués et mélangez pendant quelques instants. Servez dans la coupe à cocktail.

**COCKTAILS APÉRITIFS**

## *Florius 3* COCKTAIL

3/4 de marsala sec
1/8 de vodka banane
1/8 de Grand Marnier

Pour décorer : une rondelle de banane et une cerise au marasquin.

Se prépare dans le verre à mélange avec quelques glaçons. Se sert dans la coupe à cocktail avec une rondelle de banane et une cerise au marasquin enfilées sur une brochette en bois.

## *Francesca* COCKTAIL

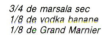

3/6 de vermouth blanc
2/6 de rhum blanc
1/6 de jus de maracujà
deux ou trois gouttes de grenadine

Versez dans le shaker le vermouth, le rhum, le maracujà, le sirop de grenadine et quatre ou cinq glaçons agitez pendant 6 à 8 secondes et servez dans la coupe à cocktail.

## *Ge-Ge* COCKTAIL

3/5 de rhum ambré ou blanc
1/5 de crème de banane
1/5 de jus de citron vert

Pour décorer : une cerise au marasquin.

Se prépare dans le shaker avec quelques glaçons ; versez tous les ingrédients et agitez pendant 6 à 8 secondes. Se sert dans le grand verre à cocktail avec une cerise au marasquin.

## *Geneviève* ON THE ROCKS (ph. p. 73)

2/6 d'apricot brandy
2/6 de jus de maracujà
1/6 de jus d'orange
1/6 de vermouth dry

Pour décorer : un quartier d'orange.

Se prépare dans le shaker avec quatre ou cinq glaçons ; versez les ingrédients et agitez pendant 6 à 8 secondes. Se sert dans le petit tumbler avec toute la glace et un quartier d'orange.

## *Geronimo* ON THE ROCKS

4/5 de tequila
1/5 de triple sec ou de Cointreau
2 cuillerées de jus de citron
deux traits de sirop de fraise

Pour décorer : une fraise.

Mettez quelques glaçons dans le shaker ; versez l'alcool d'agave et les autres ingrédients et agitez pendant 6 à 8 secondes. Se sert dans le grand verre à cocktail avec une fraise.

**COCKTAILS APÉRITIFS**

## *Gimlet 1* ON THE ROCKS (ph. p. 64)

*3/4 de gin*
*1/4 de liqueur de citron vert*

Pour décorer : une rondelle de lime ou de citron vert.

Se prépare dans le shaker avec quelques glaçons ; versez le gin, la liqueur de citron vert et agitez quelques secondes. Se sert (glace comprise) dans le petit tumbler. Décorez avec une rondelle de citron vert.

## *Gimlet 2* COCKTAIL

*3/5 de gin*
*2/5 de liqueur de citron vert*
*2 petites cuillerées de sirop de sucre*

Se prépare dans le shaker avec quelques glaçons. Se sert dans le grand verre à cocktail bien refroidi au préalable.

## *Gimlet 3* COCKTAIL

*4/5 de gin*
*1/5 de citron vert pressé*
*2 petites cuillerées (ou plus) de sirop de sucre*

Se prépare dans le shaker avec quelques glaçons. Se sert dans le grand verre à cocktail.

## *Gin-Cointreau* COCKTAIL

*2/3 de gin*
*1/3 de triple sec ou de Cointreau*
*1 cuillerée de grenadine*
*un demi-citron pressé*

Se prépare dans le shaker avec quelques glaçons. Se sert dans le grand verre à cocktail avec un zeste de citron.

## *Giuliana* ON THE ROCKS

*3/6 de scotch*
*2/6 de vermouth rosé*
*1/6 de Drambuie*

Se prépare dans le verre à mélange avec quelques glaçons. Se sert dans la coupe à cocktail bien froide.

**COCKTAILS APÉRITIFS**

## *Globo* COCKTAIL (ph. p. 19)

*3/5 de calvados*
*1/5 de vermouth dry*
*1/5 d'apricot brandy*
*2 cuillerées de jus de citron*

Pour décorer une petite boule de pomme.

Se prépare dans le shaker avec quatre ou cinq cubes de glace ; versez les ingrédients dans l'ordre indiqué. Agitez pendant 6 à 8 secondes et servez dans le grand verre à cocktail. Décorez avec une petite boule de pomme (recueillie avec le couteau à fruits).

## *Glory* ON THE ROCKS (ph. p. 80)

*4/6 de irish whiskey*
*1/6 de Suze*
*1/6 de vermouth dry*
*un trait d'Amaretto di Saronno*

Pour décorer : une demi-tranche d'orange et une cerise rouge.

Se prépare directement dans le petit tumbler avec quelques glaçons. Décorez avec une demi-tranche d'orange et une cerise rouge.

## *Golden Gin* COCKTAIL (ph. p. 64)

*4/6 de gin*
*1/6 de sirop de cédrat*
*1/6 de jus d'ananas*

Pour décorer : un petit morceau d'ananas.

Se prépare dans le shaker avec quelques glaçons. Se sert dans le grand verre à cocktail. Décorez avec un petit morceau d'ananas.

## *Gourmet* COCKTAIL (ph. p. 73)

*7/10 de cognac*
*2/10 d'apricot brandy*
*1/10 de vermouth amer*

Pour décorer : une cerise au marasquin.

Se prépare dans le verre à mélange avec des glaçons. Se sert dans le grand verre à cocktail avec une cerise au marasquin et en pressant un zeste d'orange au-dessus du verre.

◀ *De droite à gauche :*
*Golden Gin (p. 65), Gimlet 1 (p. 63), Spritz-Suze (p. 99).*

**COCKTAILS APÉRITIFS**

## *Graziella* ON THE ROCKS

3/6 de Dubonnet
2/6 de kirsch
1/6 de bitter Campari

Pour décorer : une cerise au marasquin.

Se prépare dans le petit tumbler avec quatre ou cinq glaçons ; versez le Dubonnet, le kirsch et le Campari. Mélangez pendant quelques instants et décorez avec une cerise au marasquin.

## *Grey* COCKTAIL

3/6 de vodka ananas
2/6 d'orange pressée
1/6 de Cointreau

Pour décorer : un morceau d'ananas et une cerise au marasquin.

Se prépare dans le shaker avec des glaçons. Se sert dans la coupe à cocktail. Décorez avec un petit morceau d'ananas et une cerise au marasquin.

## *Gustav Cremisi* COCKTAIL (ph. p. 19)

1/3 de vermouth dry
1/3 de crème de cassis
1/3 de liqueur Galliano
un demi-citron pressé

Pour décorer : un quartier de citron et une cerise au marasquin.

Se prépare dans le shaker avec des glaçons ; versez le jus de citron, le cassis, le vermouth et la liqueur Galliano (infusion, puis distillat d'herbes, de racines, de fleurs et de baies). Agitez pendant 6 à 8 secondes. Servez dans le verre à vin avec un quartier de citron et une cerise au marasquin.

## *Haloa President* COCKTAIL

2/3 de vodka ananas
1/3 de vermouth dry
deux traits de Parfait Amour

Pour décorer : une cerise et un petit morceau d'ananas.

Se prépare dans le verre à mélange avec quelques glaçons ; versez les ingrédients et mélangez. Se sert dans la coupe à cocktail avec une cerise et un petit morceau d'ananas enfilés sur une brochette en bois.

**COCKTAILS APÉRITIFS**

## *Humphrey* ON THE ROCKS

5/6 de vermouth dry
1/6 de gin
un trait de bitter Campari

Se prépare directement dans le petit tumbler avec des glaçons en pressant un zeste d'orange au-dessus du verre.

## *Inox* COCKTAIL (ph. p. 57)

3/6 de vodka
2/6 de vermouth dry
1/6 de Parfait Amour
deux gouttes de jus de citron

Se prépare dans le verre à mélange avec des glaçons ; versez la vodka, le vermouth, le Parfait Amour (liqueur de couleur pourpre élaborée à partir de divers ingrédients) : violette, orange, citron, etc.) ; mélangez pendant 6 à 8 secondes et, avant de servir dans la coupe à cocktail, ajoutez les gouttes de jus de citron et pressez un zeste de citron au-dessus du verre.

## *Ipnosi* COCKTAIL

3/5 de gin
1/5 de Chartreuse jaune
1/10 de sirop de cédrat
1/10 de curaçao bleu
1 cuillerée de jus de citron

Avec quatre ou cinq glaçons, mettez tous les ingrédients dans le shaker et agitez pendant 6 à 8 secondes. Se sert dans le grand verre à cocktail en pressant un zeste de citron au-dessus du verre.

## *Iran* ON THE ROCKS

2/4 de vodka
1/4 de vermouth blanc
1/8 de curaçao bleu
1/8 de Suze

Pour décorer : une cerise, une petite boule de pomme et une petite feuille de menthe.

Se prépare dans le petit tumbler avec quelques glaçons. Versez la vodka, le vermouth doux, le curaçao bleu et la liqueur de gentiane. Mélangez et décorez avec une cerise, une petite boule de pomme et une petite feuille de menthe, enfilées sur une brochette en bois.

# 8.

# *Bentley*

*1/2 de calvados*
*1/2 de Dubonnet*

Se prépare dans le shaker avec quelques glaçons ; agitez pendant quelques instants et servez dans la coupe à cocktail.

**COCKTAILS APÉRITIFS**

## *Irma 2* COCKTAIL

3/6 de jus de pamplemousse
1/6 d'orange pressée
1/6 de jus d'ananas
1/6 de bitter Campari

Pour décorer : une cerise au marasquin.

Se prépare dans le shaker avec des glaçons. Se sert dans le grand verre à cocktail avec une cerise au marasquin.

## *Italian Style* COCKTAIL

1/4 d'Amaretto di Saronno
1/4 de Martini dry
1/4 de Cinzano blanc
1/4 de bitter Campari

Se prépare dans le shaker avec quelques glaçons. Se sert dans la coupe à cocktail en pressant un zeste d'orange au-dessus du verre.

## *J.P. Sousa* COCKTAIL (ph. p. 100)

1/3 de cognac
1/3 de vermouth Gancia amer
1/6 d'apricot brandy
1/6 de Suze

Pour décorer : une cerise au marasquin.

Se prépare dans le shaker avec quelques glaçons ; versez les ingrédients dans l'ordre indiqué et mélangez pendant 6 à 8 secondes. Se sert dans la coupe à cocktail avec une cerise au marasquin.

## *Katya* COCKTAIL

3/4 de vermouth blanc
1/4 de vodka citron
1 cuillerée de jus de citron
quelques gouttes de liqueur Galliano

Pour décorer : une cerise au marasquin.

Se prépare dans le verre à mélange avec quelques glaçons ; versez le vermouth, la vodka citron, le Galliano, et mélangez pendant 6 à 8 secondes. Se sert dans le grand verre à cocktail, avec le jus de citron (sans mélanger) et une cerise au marasquin.

## *Key-Hole* COCKTAIL

1/4 de sherry dry
1/4 de bourbon
1/4 de vermouth dry
1/4 de liqueur Galliano

Se prépare dans le verre à mélange avec quelques glaçons ; versez tous les ingrédients et mélangez pendant 6 à 8 secondes. Servez dans la coupe à cocktail.


## *Kim Novak* COCKTAIL (ph. p. 26)

1/2 d'apricot brandy
1/2 de vodka
une demi-orange pressée
1 cuillerée de blanc d'œuf

Se prépare dans le shaker avec quatre ou cinq glaçons ; versez les ingrédients dans l'ordre indiqué et agitez pendant 6 à 8 secondes. Servez dans le verre à vin ou dans le grand verre à cocktail.


## *Kir* APÉRITIF

100 g de vin blanc sec de Bourgogne
1 cuillerée de crème de cassis
un zeste de citron (facultatif)

Versez le vin bien refroidi dans le verre à vin (si possible également froid), ajoutez la liqueur de cassis et mélangez un instant.


## *Klinzia* ON THE ROCKS

3/6 de vermouth blanc
1/6 de rhum blanc
1/6 de jus de citron
1/6 de jus d'ananas
trois gouttes de sirop de framboise

Se prépare dans le shaker avec quelques glaçons ; versez les ingrédients et agitez pendant 6 à 8 secondes. Se sert dans un tumbler. Décorez avec une cerise et une framboise enfilées sur une brochette.

**COCKTAILS APÉRITIFS**

## *La Corrida* COCKTAIL (ph. p. 37)

3/6 de sherry dry
2/6 de calvados
1/6 d'apricot brandy
deux traits d'Amer Picon

Pour décorer : une olive au piment.

Se prépare dans le verre à mélange avec quelques glaçons ; mélangez pendant 6 à 8 secondes. Décorez avec une petite olive au piment posée à cheval sur le bord de la coupe à cocktail.


## *Laura* ON THE ROCKS

6/10 de Martini rouge
2/10 d'Amaretto di Saronno
2/10 d'orange pressée

Pour décorer : une cerise et un quartier d'orange.

Se prépare dans le shaker avec quelques glaçons ; versez les ingrédients dans l'ordre indiqué et agitez pendant 6 à 8 secondes. Servez dans le petit tumbler avec la glace restante. Décorez avec une cerise et un quartier d'orange.


## *Laura 3* COCKTAIL

2/5 de Suze
2/5 de jus d'orange
1/5 de triple sec

Se prépare dans le shaker avec quatre ou cinq glaçons ; versez la Suze, le triple sec et le jus d'orange. Agitez pendant 6 à 8 secondes. Servez dans le grand verre à cocktail.


## *Leda* COCKTAIL

1/3 de gin
1/3 de vermouth rosé
1/3 de mandarine Napoléon
1 cuillerée de jus de citron

Se prépare dans le shaker avec quelques glaçons ; versez tous les ingrédients et agitez. Se sert dans le grand verre à cocktail.

*De gauche à droite :* ▶
*Margarita (p. 79), Geneviève (p. 62), Gourmet (p. 65).*

**COCKTAILS APÉRITIFS**

## *Lella* ON THE ROCKS

*4/6 de vermouth rosé*
*1/6 d'eau-de-vie de framboise*
*1/6 de jus de citron*
*deux traits de sirop de framboise*
*2 cuillerées de blanc d'œuf*

Se prépare dans le shaker avec quelques glaçons ; versez le vermouth, l'alcool de framboise, le citron pressé, le sirop et le blanc d'œuf. Agitez pendant 6 à 8 secondes. Se sert dans le petit tumbler avec la glace restante.

## *Liliana* COCKTAIL

*2/3 d'amaro*
*1/3 de vermouth dry*
*deux traits d'apricot brandy*

Pour décorer : une cerise au marasquin.

Se prépare dans le verre à mélange avec quatre ou cinq glaçons ; versez les ingrédients et mélangez pendant 6 à 8 secondes. Décorez avec une cerise au marasquin.

## *Lina* COCKTAIL

*1/3 de Cointreau*
*1/3 d'irish whiskey*
*1/3 de vermouth rouge*
*trois gouttes de jus d'orange*
*trois gouttes de jus de citron*

Pour décorer : une cerise rouge au marasquin.

Se prépare dans le shaker avec des glaçons. Se sert dans le grand verre à cocktail. Décorez avec une cerise rouge au marasquin.

## *Lippi* ON THE ROCKS

*5/10 de Punt e Mes*
*3/10 de gin*
*2/10 d'apricot brandy*

Pour décorer : un demi-abricot au sirop.

Se prépare dans le petit tumbler avec quelques glaçons ; versez les trois ingrédients et mélangez un instant avec le batteur. Décorez avec un demi-abricot au sirop. Pressez un zeste d'orange au-dessus du verre.

## *Lora* COCKTAIL

3/6 de vodka
2/6 de vermouth blanc doux
1/6 de curaçao bleu

Pour décorer : une cerise verte.

Se prépare dans le verre à mélange avec des glaçons ; versez la vodka, le vermouth blanc doux, le curaçao et mélangez pendant 6 à 8 secondes avec le batteur ou la cuiller longue. Décorez avec une cerise verte.

---

## *Los Angeles* ON THE ROCKS (ph. p. 37)

6/10 de canadian whisky
2/10 de vermouth rouge
1/10 de bitter Campari
1/10 d'Amaretto di Saronno

Pour décorer : une cerise au marasquin et une pousse de menthe.

Se prépare directement, avec quelques glaçons, dans le petit tumbler ; versez les ingrédients et mélangez pendant quelques instants. Décorez avec une cerise au marasquin et une petite pousse de menthe.

---

## *Lucky 7* ON THE ROCKS

4/5 de bourbon
1/5 d'Amaretto di Saronno
quelques gouttes de jus de citron

Se prépare dans le petit tumbler avec quelques glaçons ; versez les trois ingrédients et mélangez pendant quelques instants avec le batteur ou la cuiller à long manche pour boisson.

---

## *Lupino* ON THE ROCKS

1/2 de Punt e Mes
1/2 de cognac

Pour décorer : une cerise au marasquin.

Se prépare dans le petit tumbler avec quelques glaçons ; versez les deux ingrédients, mélangez pendant quelques instants avec le batteur et décorez avec une cerise au marasquin.

# 9.

# Between The Sheets

1/3 de cognac
1/3 de rhum blanc
1/3 de Cointreau
un trait de jus de citron

Se prépare en mettant tous les ingrédients dans le shaker. Se sert dans la coupe à cocktail.

**COCKTAILS APÉRITIFS**

## *Madia* ON THE ROCKS (ph. p. 26)

3/6 de vermouth blanc
2/6 de poire williams
1/6 de vodka ananas
1 cuillerée d'orange pressée

Pour décorer : une rondelle de citron et un morceau d'ananas.

Se prépare dans le shaker avec quatre ou cinq glaçons ; versez les ingrédients et agitez pendant 6 à 8 secondes. Se sert dans le petit tumbler avec de la glace, une rondelle de citron et un petit morceau d'ananas.

## *Manhattan Dry* COCKTAIL

2/3 de rye whiskey
1/3 de vermouth dry
un ou deux traits d'Angostura

Mettez quelques glaçons dans le verre à mélange ; versez le whiskey américain, le vermouth, l'Angostura et mélangez pendant 6 à 8 secondes. Se sert dans la coupe à cocktail. (Presser un zeste de citron en surface est facultatif.)

## *Manuel* COCKTAIL

2/3 de Carpano blanc
1/3 de gin
un trait de sirop de framboise
quelques gouttes de citron

Pour décorer : une framboise fraîche.

Se prépare dans le shaker avec quatre ou cinq glaçons ; versez les quatre ingrédients et agitez pendant 6 à 8 secondes. Se sert dans la coupe à cocktail avec une framboise fraîche ou surgelée.

## *Mara* COCKTAIL

3/6 de gin
2/6 de curaçao bleu
1/6 de cognac framboise

Se prépare dans le verre à mélange avec des glaçons ; versez les ingrédients et mélangez pendant 6 à 8 secondes. Se sert dans la coupe à cocktail bien refroidie.

**COCKTAILS APÉRITIFS**

## *Marco Polo* COCKTAIL

1/5 de grappa au miel
3/5 de vin blanc sec
1/5 de Suze

Pour décorer : une framboise.

Se prépare dans le verre à mélange avec des glaçons. Se sert dans le grand verre à cocktail. Décorez avec une framboise.

## *Margarita* COCKTAIL (ph. p. 73)

3/4 de tequila
1/4 de Cointreau
un demi-citron vert pressé
sel fin

Se prépare dans le shaker avec quelques glaçons ; versez la tequila, le Cointreau et le jus de citron vert. Se sert dans le grand verre à cocktail dont on aura humidifié le bord avec un quartier de citron vert de façon que le sel forme une légère croûte.

## *Mariella* ON THE ROCKS

2/6 de vermouth dry
1/6 d'amaro
1/6 de crème de cassis
1/6 de liqueur de pêche
1/6 de bitter Campari

Pour décorer : une spirale de citron.

Se prépare dans le shaker avec quelques glaçons. Se sert dans le petit tumbler avec la glace restante. Décorez le verre avec une spirale d'écorce de citron.

## *Marina 68* COCKTAIL

60 g de vermouth dry
deux traits de curaçao bleu
deux traits de Fernet-Branca

Pour décorer : une olive verte.

Se prépare dans le verre à mélange avec des glaçons ; versez les trois ingrédients et mélangez pendant 6 à 8 secondes. Se sert dans la coupe à cocktail avec une olive verte.

**COCKTAILS APÉRITIFS**

## *Mariú* ON THE ROCKS

3/4 de vodka pamplemousse
1/4 d'apricot brandy
un demi-pamplemousse pressé

Se prépare dans le shaker avec quelques glaçons ; versez les ingrédients (en filtrant le jus de pamplemousse avec la passoire) et agitez pendant 6 à 8 secondes. Se sert dans le petit tumbler, glace comprise.

## *Martini Extra Dry* COCKTAIL

60 g de gin
un trait de vermouth dry

Pour décorer : une olive verte (facultatif).

Se prépare dans le verre à mélange avec quatre ou cinq glaçons ; versez le gin, le vermouth et mélangez pendant 6 à 8 secondes. Se sert dans la coupe à cocktail en pressant un zeste de citron au-dessus du verre (facultatif).

## *Martini Sweet* COCKTAIL

2/3 de gin
1/3 de vermouth rouge

Se prépare dans le verre à mélange avec des glaçons. Versez les deux ingrédients et mélangez pendant un instant. Se sert dans la classique coupe à cocktail.

## *Mary* ON THE ROCKS

2/3 de vermouth rouge
1/6 de Suze
1/6 d'Amer Picon

Pour décorer : un quartier d'orange.

Se prépare, avec des glaçons, dans le petit tumbler ; versez le vermouth, la Suze, l'Amer Picon et mélangez pendant quelques instants. Décorez avec un quartier d'orange.

◀ *De gauche à droite :*
*Orson Welles (p. 87), Glory (p. 65), Spritz-Amaro (p. 99).*

# *10.*

# Block And Fall

*1/3 de cognac*
*1/3 de Cointreau*
*1/6 de calvados*
*1/6 de Pernod*

Se prépare dans le shaker rapidement avec peu de glace. Se sert dans la coupe à cocktail.

**COCKTAILS APÉRITIFS**

## *Mary-Rose* ON THE ROCKS

*2/4 de kirsch*
*1/4 de sherry dry*
*1/4 d'apricot brandy*

Pour décorer : un pétale de rose.

Se prépare, avec des glaçons, dans le petit tumbler ; versez les trois ingrédients et mélangez pendant un instant. Pressez un zeste d'orange en surface et décorez avec un pétale de rose.

## *Mascia* COCKTAIL

*3/6 de gin*
*2/6 de cognac framboise*
*1/6 d'amaro*

Se prépare dans le verre à mélange avec des glaçons. Se sert dans la coupe à cocktail en pressant un zeste de citron en surface.

## *Mato* COCKTAIL

*5/6 de vodka*
*1/6 de Cointreau*
*1 cuillerée de jus de citron*
*1 cuillerée de grenadine*
*un demi-blanc d'œuf*

Se prépare dans le shaker avec quelques glaçons ; versez les ingrédients et agitez fortement pendant 6 à 8 secondes. Se sert dans le grand verre à cocktail.

## *Micheland* COCKTAIL

*3/6 d'armagnac*
*2/6 de vermouth rouge*
*1/6 d'Amer Picon*
*un trait d'apricot brandy*

Se prépare dans le verre à mélange avec quatre ou cinq glaçons ; versez dans l'ordre les trois premiers ingrédients. Se sert dans le grand verre à cocktail, en ajoutant la liqueur d'abricot sans mélanger.

## *Milanais* COCKTAIL

*1/3 de vodka*
*1/3 de vermouth dry*
*1/6 de bitter Campari*
*1/6 de cognac framboise*

Pour décorer : une olive verte.

Se prépare dans le verre à mélange avec quelques glaçons ; versez les quatre ingrédients et mélangez avec le batteur ou la cuiller longue pendant 6 à 8 secondes. Se sert dans la coupe à cocktail avec une olive verte.

## *Milan et Turin* ON THE ROCKS

30 g de bitter Campari
30 g de vermouth Carpano

Se prépare dans le petit tumbler avec quelques glaçons ; versez le Campari, le vermouth (ou du Punt e Mes, selon les goûts) et mélangez pendant quelques secondes. Se sert sans glace, à condition que les ingrédients soient bien froids, directement dans le verre à vin.

## *Miles* COCKTAIL

4/8 de Martini dry
1/8 de bitter Campari
1/8 d'Amaretto di Saronno
2/8 d'amaro

Pour décorer : une olive verte.

Se prépare dans le verre à mélange avec des glaçons. Se sert dans la coupe à cocktail avec une olive verte.

## *Mitzi* COCKTAIL

1/3 de tequila
1/3 de sherry dry
1/3 d'amaro
deux traits de curaçao bleu
quelques gouttes de jus de citron

Se prépare dans le shaker avec quelques glaçons ; versez les quatre premiers ingrédients et agitez. Servez dans la coupe à cocktail, puis ajoutez le jus de citron.

## *Moira* COCKTAIL

2/4 de jus de tangerine
1/4 de liqueur Galliano
1/4 de bitter Campari

Se prépare dans le shaker avec des glaçons. Se sert dans le grand verre à cocktail en pressant un zeste de tangerine au-dessus du verre.

## *Norma 2* ON THE ROCKS

2/4 de vodka
1/4 de liqueur Galliano
1/8 de Chartreuse jaune
1/8 de curaçao bleu

Se prépare dans le petit tumbler avec quelques glaçons ; versez les ingrédients et mélangez pendant quelques secondes. Pressez un zeste de citron en surface.

**COCKTAILS APÉRITIFS**

## *Omar* COCKTAIL

1/5 de Cointreau
2/5 de canadian whisky
1/5 de Cinzano dry
1/5 de vermouth blanc doux

Se prépare dans le verre à mélange avec quelques glaçons. Se sert dans la coupe à cocktail en pressant un zeste d'orange au-dessus du verre.

## *Ombretta Colli* COCKTAIL

2/4 de scotch
1/4 de vermouth Gancia amer
1/8 de vermouth dry
1/8 d'apricot brandy

Se prépare dans le verre à mélange avec des glaçons ; versez les quatre ingrédients et mélangez avec le batteur ou la cuiller longue pendant 6 à 8 secondes.

## *Orchidée* COCKTAIL

1/4 de Drambuie
1/8 de Tía Maria
2/4 de canadian whisky
1/8 de bitter Campari

Se prépare dans le verre à mélange avec des glaçons. Se sert dans la coupe à cocktail avec une cerise au marasquin.

Pour décorer : une cerise au marasquin.

## *Original* COCKTAIL

2/3 de vin blanc sec
1/6 de gin
1/6 d'apricot brandy

Se prépare dans le verre à mélange avec quelques glaçons. Versez le gin, la liqueur d'abricot et mélangez pendant quelques instants. Puis versez dans le verre à vin et ajoutez le vin blanc très froid. S'il n'est pas assez frais, ajoutez-le dans le verre à mélange.

## *Orson Welles* ON THE ROCKS (ph. p. 80)

4/6 de Martini rouge
2/6 de bourbon
deux traits de Schweppes

Pour décorer : un quartier d'orange et une cerise au marasquin.

Se prépare dans le tumbler moyen avec quatre ou cinq glaçons ; versez tous les ingrédients et mélangez pendant quelques instants. Décorez avec un quartier d'orange et une cerise au marasquin.

## *Osé* COCKTAIL

2/3 de porto blanc
1/6 de Grand Marnier
1/6 de bitter Campari
deux traits de Dubonnet

Se prépare dans le shaker avec quelques glaçons. Se sert dans la coupe à cocktail en pressant un zeste d'orange au-dessus du verre.

## *Patrizia* COCKTAIL

2/4 de canadian whisky
1/8 de Suze
1/4 de bitter Campari
1/8 de Martini blanc

Pour décorer : une cerise au marasquin.

Se prépare dans le verre à mélange avec des glaçons. Se sert dans la coupe à cocktail avec une cerise au marasquin.

## *Paul* ON THE ROCKS (ph. p. 48)

7/10 de gin
2/10 de pamplemousse pressé
1/10 de Pernod
un trait d'Amer Picon

Pour décorer : une pousse de basilic.

Se prépare dans le petit tumbler avec quelques glaçons ; versez les ingrédients et mélangez pendant quelques instants avec le batteur ou la cuiller longue pour boisson. Décorez avec une pousse de basilic.

# *11.*

# **Bloody Mary**

*40 g de vodka*
*60 g de jus de*
*tomate*
*un demi-citron pressé*
*deux ou trois traits de*
*Worcester Sauce*
*sel de céleri*
*poivre rouge ou tabasco*

Se sert très froid dans le tumbler moyen. On aime parfois y ajouter quelques glaçons (les Américains notamment).

**COCKTAILS APÉRITIFS**

## *Perfect Manhattan* COCKTAIL

2/3 de rye whiskey
1/6 de vermouth blanc
1/6 de vermouth dry
un ou deux traits d'Angostura
(facultatif)

Se prépare dans le verre à mélange avec quelques glaçons ; versez, dans l'ordre, le whisky américain puis les vermouths, et mélangez pendant 6 à 8 secondes. Pressez un zeste de citron en surface avant de servir dans la classique coupe à cocktail.

## *Perfect Rob Roy* ON THE ROCKS

2/3 de scotch
1/6 de vermouth doux
1/6 de vermouth dry
un ou deux traits d'Angostura
(facultatif)

Se prépare dans le verre à mélange avec quelques glaçons ; versez les ingrédients, mélangez pendant un instant et servez dans le petit tumbler (glace comprise) en pressant un zeste de citron au-dessus du verre.

## *Pernod* APÉRITIF

50 g de Pernod
eau glacée

Versez le Pernod dans le tumbler moyen, ajoutez de l'eau à volonté, et mélangez avec le batteur ou la cuiller longue pour boisson. Autrefois, cet apéritif typiquement français était servi dans une coupe spéciale avec un dessus de verre qui comportait un trou, sur lequel était placé un petit morceau de sucre recouvert de glace pilée.

## *Philip* COCKTAIL

5/10 de bourbon
2/10 de vermouth dry
2/10 de bitter Campari
1/10 d'Amaretto di Saronno

Pour décorer : une cerise au marasquin.

Se prépare dans le verre à mélange avec quelques glaçons ; versez les ingrédients et mélangez. Se sert dans la coupe à cocktail avec une cerise au marasquin et en pressant un zeste d'orange au-dessus du verre.

**COCKTAILS APÉRITIFS**

## *Philly* COCKTAIL

3/5 de vermouth Gancia amer
1/5 de cognac
1/5 d'apricot brandy
un trait d'Unicum

Se prépare dans le verre à mélange avec des glaçons. Se sert dans la coupe à cocktail en pressant un zeste de citron au-dessus du verre.

## *Piccolino* COCKTAIL

1/4 de cognac
2/4 de Martini rouge
1/8 de Cointreau
1/8 d'Amer Picon

Se prépare dans le shaker avec quelques glaçons. Se sert dans la coupe à cocktail préalablement refroidie au freezer ou avec de la glace.

## *Pink Gin* COCKTAIL

50 g de gin
deux traits d'Angostura

Versez l'Angostura dans la traditionnelle coupe à cocktail (préalablement refroidie au freezer ou avec de la glace) en faisant rouler délicatement le verre, de façon à humidifier les parois sans faire s'échapper le bitter ; ajoutez ensuite le gin, refroidi dans le verre à mélange par des glaçons (ou tenu au freezer pendant au moins 1 heure).

## *Piria* COCKTAIL

4/5 de gin
1/5 de jus d'ananas
1 cuillerée de jus de citron
un trait de sirop de framboise

Pour décorer : un petit dé d'ananas.

Se prépare dans le shaker avec quelques glaçons. Se sert dans le grand verre à cocktail. Décorez avec un petit dé d'ananas.

**COCKTAILS APÉRITIFS**

## *Rambo* ON THE ROCKS

3/5 de cognac
1/5 de cherry Heering
1/5 de bitter Campari
deux traits d'orange pressée

Pour décorer : une demi-rondelle d'orange et une cerise au marasquin.

Se prépare directement dans le petit tumbler avec des glaçons. Décorez avec une demi-rondelle d'orange et une cerise au marasquin.

## *Rosalba* SMASH (ph. p. 100)

3/5 de rhum Saint-James Impérial blanc
2/5 d'Izarra verte
un demi-citron vert pressé
2 cuillerées de sirop de sucre

Pour décorer : six petites feuilles de menthe.

Se prépare dans le shaker avec quatre ou cinq glaçons ; versez tous les ingrédients et agitez pendant 6 à 8 secondes. Se sert dans le petit tumbler avec la glace restante et quelques petites feuilles de menthe.

## *Rosalia* SMASH

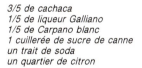

3/5 de cachaca
1/5 de liqueur Galliano
1/5 de Carpano blanc
1 cuillerée de sucre de canne
un trait de soda
un quartier de citron

Pour décorer : six petites feuilles de menthe.

Dans un petit tumbler, mettez le sucre, la menthe fraîche et un peu de soda ou d'eau de Seltz. Pressez avec la cuiller-pilon (ou smuggler), jusqu'à ce que le sucre soit fondu. Ajoutez alors les cubes de glace et les autres ingrédients, et mélangez.

## *Rosalinda* COCKTAIL

1/6 de bitter Campari
2/6 de vodka
2/6 de pamplemousse pressé
1/6 de Ricard

Se prépare dans le shaker avec des glaçons. Se sert dans le grand verre à cocktail.

◄ De gauche à droite : Rosatea (p. 94), Spritz-Picon (p. 99), Select New Fashioned (p. 95).

**COCKTAILS APÉRITIFS**

## *Rosatea* ON THE ROCKS (ph. p. 92)

2/4 de bourbon
1/4 de Suze
1/4 de jus d'orange
deux gouttes de sirop de rose

Pour décorer : une petite rose.

Se prépare dans le shaker avec quatre ou cinq glaçons. Versez, dans l'ordre, le bourbon, la Suze, le jus d'orange, deux gouttes de sirop de rose et agitez pendant 6 à 8 secondes. Se sert dans le tumbler moyen avec la glace restante. Décorez avec une petite rose ou simplement un pétale.

## *Rose's Gin* ON THE ROCKS (ph. p. 57)

5/6 de gin
1/6 de jus de citron
un trait de sirop de rose

Pour décorer : un pétale de rose.

Se prépare dans le shaker avec quelques glaçons. Se sert (glace comprise) dans le petit tumbler avec un pétale de rose.

## *Rugiada Rosa* COCKTAIL

1/3 de cherry brandy
1/3 de vermouth rosé
1/6 d'Izarra
1/6 de jus de citron

Pour décorer : une spirale de zeste de citron et une cerise au marasquin.

Se prépare dans le shaker avec quelques glaçons. Se sert dans le grand verre à cocktail avec une cerise au marasquin et une spirale d'écorce de citron.

## *Santa Margherita* COCKTAIL

1/4 de Suze
2/4 de cognac
1/4 de vermouth rosé

Pour décorer : une cerise au marasquin.

Se prépare dans le shaker avec quelques glaçons. Se sert dans la coupe à cocktail avec une cerise au marasquin.

**COCKTAILS APÉRITIFS**

## *Select New Fashioned* ON THE ROCKS (ph. p. 92)

1/3 de Suze
1/3 de bourbon
1/3 de vermouth rouge
un trait d'Angostura

Pour décorer : un quartier d'orange et une cerise au marasquin.

Se prépare dans le petit tumbler avec des glaçons. Décorez avec une cerise au marasquin et un quartier d'orange.

## *Silva* ON THE ROCKS

1/3 de rhum
2/3 de Carpano blanc
1/4 de citron pressé
deux traits de Cointreau

Pour décorer : un quartier de citron vert.

Se prépare dans le shaker avec quelques glaçons ; versez les ingrédients et agitez pendant 6 à 8 secondes. Se sert dans le petit tumbler avec la glace et un quartier de citron vert.

## *Silver And Cold* COCKTAIL

2/4 de cognac
1/4 de vodka clémentine Artic
1/4 de Cinzano blanc
deux traits de bitter Campari

Pour décorer : une cerise au marasquin.

Se prépare dans le shaker avec quelques glaçons ; versez les ingrédients et agitez pendant 6 à 8 secondes. Se sert dans la coupe à cocktail avec une cerise au marasquin.

## *Sometimes* COCKTAIL

3/4 de Martini blanc
1/8 de cognac
1/8 de Drambuie

Se prépare dans le shaker avec quelques glaçons. Se sert dans la coupe à cocktail.

## 12.

# Bobby Burns

1/2 de scotch
1/2 de vermouth rouge
trois gouttes de Bénédictine

Se prépare dans le verre à mélange refroidi avec des glaçons ; jetez l'eau et ajoutez les ingrédients dans l'ordre. Servez dans la coupe à cocktail en pressant un zeste de citron au-dessus du verre.

**COCKTAILS APÉRITIFS**

## *Spritz Angers* APÉRITIF

5/6 de vin rosé
1/6 de Cointreau
un trait d'Amer Picon
deux traits d'eau de Seltz

Se prépare directement dans le verre à vin en versant tous les ingrédients bien refroidis. Un cube de glace est facultatif. Pressez un zeste d'orange en surface.

## *Spritz-Artic* APÉRITIF

5/6 de vin blanc sec
1/6 de vodka banane Artic
deux traits d'eau de Seltz ou de Schweppes

Se prépare dans le verre à vin en versant le vin frais, la liqueur Artic glacée, puis l'eau de Seltz ou le Schweppes.

## *Spritz-Guignolet* APÉRITIF

5/6 de vin blanc sec
1/6 de Guignolet
un trait d'Angostura
deux traits d'eau de Seltz ou de soda

Se prépare dans le verre à vin avec les ingrédients préalablement bien refroidis. Presser un zeste de citron en surface est facultatif.

## *Spritz-Martini* APÉRITIF

5/6 de vin blanc sec
1/6 de Martini rouge
deux traits d'eau de Seltz

Se prépare directement dans le verre à vin. Décorez avec une demi-rondelle d'orange. Un cube de glace est facultatif. Il est indispensable de bien refroidir les produits avant de servir.

## *Spritz-Bitter* APÉRITIF

5/6 de vin blanc sec froid
1/6 de bitter Campari très froid
deux traits d'eau de Seltz

Se prépare directement dans le verre à vin, avec eau de Seltz ou soda frais (comme tous les autres spritzes), et en pressant un zeste de citron au-dessus du verre, à la demande.

**COCKTAILS APÉRITIFS**

## *Spritz-Picon* APÉRITIF (ph. p. 92)

5/6 de vin blanc sec
1/6 d'Amer Picon
deux traits d'eau de Seltz

Pour décorer : un quartier d'orange (facultatif).

Se prépare dans le verre à vin (si possible refroidi), avec les ingrédients bien frais.

## *Spritz-Amaro* APÉRITIF (ph. p. 80)

5/6 de vin blanc sec froid
1/6 d'amaro bien frais
deux traits d'eau de Seltz ou de soda
1 cuillerée de liqueur de vanille à 18°

Se prépare dans le verre à vin. Facultatif : pressez un zeste d'orange ou de citron au-dessus du verre. (Le vin rosé se prête aussi à cette combinaison.)

## *Spritz-Suze* APÉRITIF (ph. p. 64)

3/5 de vin blanc sec
2/5 de Suze
deux traits d'eau de Seltz

Se prépare dans le verre à vin avec tous les ingrédients très frais. Facultatif : pressez un zeste d'orange au-dessus du verre, ou encore ajoutez un cube de glace.

## *Spritz-Fraise* APÉRITIF

5/6 de vin blanc sec
1/6 de sirop de fraise
deux traits d'eau de Seltz

Pour décorer : une fraise.

Se prépare dans le verre à vin bien frais. Décorez avec une fraise sur le bord du verre (facultatif).

## *Spritz Rosé* APÉRITIF

5/6 de vin rosé ou blanc
1/6 de vodka ananas
un trait de sirop de rose
deux traits d'eau de Seltz

Utilisez le verre à vin avec le vin bien refroidi et la liqueur glacée. Ajoutez un petit morceau d'ananas et un cube de glace (facultatif).

**COCKTAILS APÉRITIFS**

## *Spritz Vert* APÉRITIF (ph. p. 100)

5/6 de vin blanc sec
1/6 de vodka citron
un trait de sirop de kiwi
deux traits d'eau de Seltz ou de soda

Se prépare dans le verre à vin avec le vin frais et la liqueur glacée. Une rondelle de kiwi est facultative.

## *Torre* COCKTAIL

3/6 de Carpano blanc
1/6 de Cointreau
1/6 de jus de maracujà
1/6 de jus de citron

Se prépare dans le shaker avec quelques glaçons. Se sert dans la coupe à cocktail refroidie.

## *Vitalité* COCKTAIL

4/5 de vodka
1/5 de vermouth dry
un trait de curaçao bleu
un trait de Cointreau

Se prépare dans le shaker avec quatre ou cinq glaçons ; versez les ingrédients et mélangez pendant 6 à 8 secondes. Se sert dans la coupe à cocktail préalablement refroidie.

## *West Side* COCKTAIL

1/4 de Cointreau
1/4 de jus de citron
1/4 d'Izarra verte
1/4 de Martini blanc
deux gouttes d'amarena
deux gouttes d'apricot brandy

Pour décorer : une cerise.

Se prépare dans le shaker avec quelques glaçons. Se sert dans la coupe à cocktail avec une cerise au marasquin.

## *Wind* ON THE ROCKS

1/3 de gin
1/3 d'apricot brandy
1/3 de vermouth rouge
une goutte de triple sec

Se prépare directement dans le petit tumbler avec des glaçons. Décorez avec une longue spirale d'écorce d'orange.

◄ *De gauche à droite :*
*JP Sousa (p. 70), Rosalba (p. 93), Spritz Vert (p. 101).*

# 13.

# Bombay

1/2 de cognac
1/4 de vermouth dry
1/4 de vermouth rouge
une goutte de Pernod
une goutte de curaçao

Se prépare dans le shaker avec quatre ou cinq glaçons. Versez les ingrédients dans l'ordre. Agitez pendant quelques secondes. Servez dans la coupe à cocktail.

**COCKTAILS APÉRITIFS**

## *Wojtila* ON THE ROCKS

4/5 de vodka
1/5 de Bénédictine
un trait de sirop de rose

Se prépare dans le petit tumbler avec quelques glaçons ; versez la vodka, la Bénédictine et le sirop de rose ; mélangez pendant quelques instants et pressez un zeste de citron en surface.

## *Yagoriv* ON THE ROCKS

3/6 de vermouth dry
2/6 de bourbon
1/6 d'apricot brandy
quelques gouttes de jus de citron

Pour décorer : un quartier de citron.

Se prépare directement dans le petit tumbler avec quelques glaçons, en versant les ingrédients dans l'ordre indiqué. Mélangez pendant quelques instants et décorez avec un quartier de citron.

## *Zurro* ON THE ROCKS

1/3 de cognac
1/3 de vermouth dry
1/6 d'Amaretto di Saronno
1/6 de curaçao bleu

Pour décorer : une cerise et une pousse de menthe fraîche.

Se prépare directement dans le petit tumbler avec quelques glaçons. Décorez avec une pousse de menthe fraîche et une cerise.

# Cocktails digestifs

Frappés •
After dinner on the rocks •
Arcs-en-ciel •
Drinks au café • Drinks à la crème •
Sorbets à la liqueur •
Crèmes glacées aux alcools •
Juleps • Shakes

**COCKTAILS DIGESTIFS**

## *Agave Épineux* ON THE ROCKS

*40 g de tequila
1 cuillerée de sirop de papaye
un demi-citron vert pressé
quelques gouttes de marasquin*

Pour décorer : une rondelle de citron vert.

Se prépare dans le shaker avec quelques glaçons. Se sert dans le verre à eau avec toute la glace restant dans le shaker. Décorez avec une rondelle de citron vert.

## *Aiken* AFTER DINNER

*1/3 de vodka citron
1/3 de Cointreau
1/3 de Bénédictine*

Se prépare dans le shaker avec des glaçons. Se sert dans la coupe à cocktail en pressant un zeste d'orange au-dessus du verre.

## *Albertine* AFTER DINNER

*2/3 de kirsch
1/6 de Cointreau
1/6 de Chartreuse jaune
un trait de marasquin*

Se prépare dans le shaker avec quelques glaçons ; versez l'alcool de cerise (kirsch), le Cointreau et la liqueur aux herbes (Chartreuse), et agitez pendant 6 à 8 secondes. Se sert dans la coupe en ajoutant le marasquin en surface sans mélanger.

## *Alessi* AFTER DINNER

*3/5 de Tía Maria
2/5 de crème de cacao
1 cuillerée de crème liquide*

Se prépare dans le shaker avec quelques glaçons ; versez le Tía Maria, la crème de cacao, et agitez pendant 6 à 8 secondes. Se sert dans le grand verre à cocktail en s'aidant d'une petite cuiller pour verser la crème en surface, en évitant qu'elle se mélange aux liqueurs.

*De gauche à droite : Dolfin Coffee (p. 126), Café Grand-Père (p. 120), Alexandra Angers (p. 108).* ▶

**COCKTAILS DIGESTIFS**

## *Alexandra Angers* AFTER DINNER (ph. p. 107)

1/3 de Cointreau
1/3 de crème de cacao
1/3 de crème liquide
un petit carré de chocolat

Se prépare dans le shaker avec quatre ou cinq glaçons ; versez les trois ingrédients et agitez pendant 6 à 8 secondes. Ajoutez un petit morceau de chocolat à l'orange dans le grand verre à cocktail et versez la préparation dessus. Se sert avec la cuiller.

## *Alexandra Gin* AFTER DINNER

1/3 de gin
1/3 de crème de cacao
1/3 de crème liquide

Pour décorer : une pincée de noix de muscade.

Se prépare dans le shaker avec quelques glaçons ; versez les trois ingrédients, agitez pendant 6 à 8 secondes, et servez dans le grand verre à cocktail. Une pincée de noix muscade en surface est facultative.

## *Alexandra Mirabelle* AFTER DINNER

1/3 de mirabelle
1/3 de crème de cacao
1/3 de crème liquide
quelques gouttes de curaçao bleu
quelques gouttes de sirop de fraise

Se prépare dans le shaker avec quelques glaçons ; versez les trois premiers ingrédients et agitez pendant 6 à 8 secondes. Se sert dans le grand verre à cocktail après avoir ajouté en surface, sans mélanger, quelques gouttes de curaçao et de sirop de fraise.

## *Alexandra Sister* AFTER DINNER

1/3 de menthe liquide blanche
1/3 de gin
1/3 de crème liquide

Se prépare dans le shaker avec quelques glaçons, comme pour les précédents et pour tous les cocktails réalisés avec de la crème et autres ingrédients, type œufs, jus d'agrumes, sirops concentrés de fruits, etc.

**COCKTAILS DIGESTIFS**

## *Ambré* AFTER DINNER

1/3 de rhum Saint-James ambré
1/3 de Glayva
1/3 d'Amaretto di Saronno

Se prépare dans le verre à mélange avec des glaçons. Se sert dans la coupe à cocktail. (Glayva : liqueur à base de whisky, de miel et d'arômes.)

## *Angel Kiss* ARC-EN-CIEL

1/4 de crème de cacao blanc
1/4 de crème de violette
1/4 de cognac
1/4 de crème liquide

Dans le verre cylindrique, versez d'abord la liqueur au cacao, puis, en vous aidant d'une cuiller, ajoutez très lentement la liqueur de violette, le cognac et, enfin, la crème, de façon que les ingrédients apparaissent séparés.

## *Angers New Fashion* JULEP (ph. p. 128)

40 g de Cointreau
1 cuillerée de menthe blanche
2 cuillerées de glace en morceaux

Pour décorer : une pousse de menthe fraîche, une cerise à la menthe et un quartier d'orange.

Se prépare dans le petit tumbler (ou dans le verre à vin) avec de la glace ; versez les deux liqueurs et décorez avec la menthe fraîche. Se sert avec des chalumeaux. (Cerise à la menthe et quartier d'orange sont facultatifs.)

## *Ann Boleyn* AFTER DINNER

3/6 de vodka
2/6 d'Amaretto di Saronno
1/6 de Cointreau

Se prépare dans le shaker avec quelques glaçons. Se sert dans la coupe à cocktail.

## 14.

# Bronx

*1/3 de gin*
*1/3 de jus d'orange*
*1/6 de vermouth dry*
*1/6 de vermouth doux*

Se prépare dans le shaker avec quelques glaçons. Se sert dans la coupe à cocktail.

**COCKTAILS DIGESTIFS**

## *Applerose* AFTER DINNER

*3/4 de calvados*
*1/4 de liqueur de vanille*
*un trait de sirop de rose*

Pour décorer : deux pétales de rose et une boule de pomme.

Se prépare dans le shaker avec des glaçons. Se sert dans la coupe à cocktail. Décorez avec deux pétales de rose et une petite boule de pomme.

## *Ari* AFTER DINNER

*un café très chaud*
*1 cuillerée de sucre*
*1 cuillerée de Cointreau*
*1 cuillerée de rhum*
*1 cuillerée d'Inca Pisco*

Se prépare directement dans le verre à grog (préalablement réchauffé), en versant tous les ingrédients dans l'ordre. Une grosse cuillerée de miel peut remplacer le sucre.

## *Artic Julep* JULEP

*40 g de vodka menthe très froide*
*2 cuillerées de glace pilée*

Pour décorer : une pousse de menthe.

Se prépare directement dans le petit tumbler ou dans le verre à vin refroidi. Décorez avec une pousse de menthe et servez avec un chalumeau.

## *Austria* ARC-EN-CIEL

*1/6 de marasquin*
*1/6 de grenadine*
*2/6 de liqueur de menthe blanche*
*2/6 de vodka Chaskaya rouge*
*quelques gouttes de Karkadé concentré*

Dans un verre, mélangez les deux premiers ingrédients, puis versez dans le verre cylindrique. Avec l'aide de la cuiller, ajoutez la menthe, puis, dans une même verseuse, mélangez le thé de Karkadé à la vodka et ajoutez-les en surface.

## *Ava Gardner* AFTER DINNER

*40 g de rhum blanc*
*2 cuillerées de jus de citron*
*2 cuillerées de marasquin*
*2 cuillerées de lait de coco*
*2 cuillerées de blanc d'œuf*

Se prépare dans le shaker avec quelques glaçons. Se sert dans le grand verre à cocktail. Décorez avec une cerise au marasquin. Ce cocktail, appelé aussi « Déesse Blanche », peut également être servi avant les repas.

## B.B.M. FRAPPÉ

1/3 de cognac
1/3 de Fernet-Branca
1/3 de liqueur de menthe verte
2 cuillerées de glace pilée

Se prépare dans le shaker avec quelques glaçons. Agitez pendant quelques secondes. Se sert dans le verre à vin (ou la flûte), avec la glace pilée introduite au préalable et un chalumeau.

---

## B & C AFTER DINNER

1/2 de Bénédictine
1/2 de calvados

Versez dans la coupe à cocktail la Bénédictine, puis le calvados sans mélanger.

---

## B.M.W. ON THE ROCKS

2/5 de cognac
2/5 de liqueur de menthe verte
1/5 de poire williams

Se prépare dans le shaker avec quelques glaçons. Se sert dans le petit tumbler avec toute la glace restante.

---

## Basil ON THE ROCKS

2/4 d'irish whiskey
1/4 de Grand Marnier
1/4 de Tía Maria

Se prépare directement dans le petit tumbler avec quelques glaçons.

---

## Basileus ON THE ROCKS

3/5 de cognac
2/5 d'apricot brandy

Se prépare directement dans le petit tumbler avec trois ou quatre glaçons.

**COCKTAILS DIGESTIFS**

## *Bière Poussye* ARC-EN-CIEL (ph. p. 115)

1 cuillerée de sirop de kiwi
1 petite bouteille de bière blonde
1 cuillerée de vodka bleue

Versez la bière froide dans un grand verre (verre à vin ou flûte géante), et ajoutez le sirop de kiwi (en le versant d'un seul trait de façon qu'il atteigne le fond sans se mélanger à la bière).

## *Black Russian* ON THE ROCKS

2/3 de vodka
1/3 de kahlúa
(liqueur de café)

Se prépare directement dans le petit tumbler avec des glaçons.

## *Blue Artic* ON THE ROCKS

3/5 de vodka menthe Artic
2/5 de calvados
un trait de curaçao bleu

Se prépare dans le shaker avec quelques glaçons. Se sert (glace comprise) dans le petit tumbler.

## *Blue Frappé* FRAPPÉ

2/5 de vodka
2/5 de liqueur de menthe blanche
1/5 de curaçao bleu

Se prépare dans la coupe à cocktail remplie de glace pilée. Mélangez avec le batteur et avec la cuiller, et servez avec deux petits chalumeaux.

## *Blue Ice* JULEP

2/3 de curaçao bleu
1/3 de liqueur de menthe verte
2 cuillerées de glace pilée

Se prépare dans le petit tumbler ou dans le verre à vin. Se sert avec un chalumeau.

Pour décorer : une pousse de menthe.

*De gauche à droite : Four & One (p. 130), Brigitte Bardot (p. 117), Bière Poussye (p. 114).*

**COCKTAILS DIGESTIFS**

## *Blue Oyster* AFTER DINNER

3/6 de vodka bleue
2/6 de curaçao bleu
1/6 de citron vert pressé

Pour décorer : un grain de raisin.

Se prépare dans le shaker avec quelques glaçons. Se sert dans la coupe à cocktail ; décorez avec un grain de raisin blanc.

## *Blue Special* FRAPPÉ

2/4 de triple sec
1/4 de curaçao bleu
1/4 de citron pressé
glace pilée

Remplissez le verre à vin (ou la flûte) de glace pilée. D'autre part, agitez pendant quelques instants dans le shaker (avec des glaçons) les deux liqueurs et le jus de citron ; versez dans le verre sans mélanger. Se sert avec un chalumeau.

## *Bolivia* ARC-EN-CIEL

1/6 de curaçao vert
1/6 de sirop de kiwi
2/6 de liqueur Galliano
2/6 de vodka Chaskaya rouge

Mélangez les deux premiers ingrédients et versez dans le verre cylindrique. Ajoutez, avec l'aide de la cuiller, d'abord la liqueur jaune, puis la vodka rouge.

## *Branca-Menthe* ON THE ROCKS

40 g de Fernet-Branca menthe
3 ou 4 cubes de glace

Pour décorer : une spirale d'écorce de citron.

Se prépare directement dans le petit tumbler en mélangeant pendant quelques instants avec le batteur.

## *Brandy & Menthe* ON THE ROCKS

1/2 de cognac
1/2 de liqueur de menthe

Pour décorer : une spirale d'écorce d'orange.

Se prépare directement dans le petit tumbler avec des glaçons. Décorez avec une longue spirale d'écorce d'orange.

**COCKTAILS DIGESTIFS**

## *Brandy & Sabra* AFTER DINNER

1/2 de cognac
1/2 de Sabra
*(liqueur israélienne aromatisée à l'orange et au chocolat)*

Se prépare directement dans la coupe à cocktail, à température ambiante, ou bien refroidi dans le verre à mélange avec quelques glaçons.

## *Brandy Julep* JULEP

40 g de cognac
2 à 3 cuillerées de sirop de sucre
Quelques feuilles de menthe

Pour décorer : une pousse de menthe fraîche.

Se prépare dans le petit tumbler avec de la menthe ; versez le sirop et, avec la cuiller-pilon (ou smuggler), pressez bien les feuilles. Après avoir éliminé les filaments de la menthe, ajoutez quelques cubes de glace (taillée grossièrement), le cognac, et mélangez pendant quelques instants.

## *Brigitte Bardot* FRAPPÉ (ph. p. 115)

1/2 de curaçao bleu
1/2 de crème de menthe blanche
2 cuillerées de glace pilée

Se prépare dans la coupe à cocktail avec la glace pilée ; versez la liqueur de menthe, le curaçao, et mélangez quelques secondes. Se sert avec deux petits chalumeaux.

## *Brown & Gin* AFTER DINNER

3/4 de Tía Maria
1/4 de gin

Pour décorer : des grains de café.

Se prépare dans le verre à mélange. Se sert dans la coupe à cocktail avec des grains de café.

## *Bucaneve* ON THE ROCKS

2/4 de vodka
1/4 de Chartreuse jaune
1/4 de sirop d'orgeat

Se prépare dans le shaker avec quelques glaçons ; agitez pendant quelques secondes. Se sert dans la coupe à cocktail bien froide.

# 15.

# Brooklyn

2/3 de bourbon
1/3 de vermouth rouge
une goutte de marasquin
une goutte d'Amer Picon

Se prépare dans le verre à mélange avec un peu de glace. Se sert dans la coupe à cocktail.

**COCKTAILS DIGESTIFS**

## *Café à la Diable* AFTER DINNER

un café bouillant sucré
2/4 de rhum
1/4 de triple sec
1/4 d'Amaretto di Saronno
1 cuillerée de rhum à 75°

Réchauffez dans une petite casserole (ou bien à la vapeur de la machine à café) les trois premières liqueurs ; versez dans le verre à grog, ajoutez le café et mélangez. Ensuite, avec la cuiller, ajoutez lentement le rhum à 75° en surface, enflammez-le, et, après quelques secondes, couvrez le verre avec une petite assiette. Attendez un peu avant de boire.

## *Café Grand-Père* AFTER DINNER (ph. p. 107)

un café bouillant sucré
2/4 de cognac
1/4 de triple sec
1/4 d'Amaretto di Saronno

Se prépare directement dans le verre à grog préalablement réchauffé à la vapeur de la machine à café (ou bien à l'eau bouillante).

## *Café-Shaker* AFTER DINNER

un double café serré
1 cuillerée de sirop de sucre

Se prépare dans le shaker avec des glaçons ; agitez pendant quelques secondes. Se sert dans le tumbler moyen ou dans le verre à vin.

## *Camilla C.* AFTER DINNER

2/5 de crème liquide
1/5 de scotch
1/5 d'apricot brandy
1/5 de crème de cacao blanche
quelques gouttes de grenadine

Se prépare dans le shaker avec quelques glaçons ; versez les quatre premiers ingrédients et agitez pendant 6 à 8 secondes. Versez dans le verre à vin ou dans la coupe à champagne ; ajoutez enfin quelques gouttes de grenadine en surface.

**COCKTAILS DIGESTIFS**

## *Carmela* ON THE ROCKS

2/3 de sambuca
(liqueur d'anis)
1/3 de liqueur de menthe blanche
un trait d'Unicum

Pour décorer : grains de café.

Se prépare directement dans le petit tumbler avec quelques glaçons. Décorez avec quelques grains de café.

## *Carmen* FRAPPÉ

3/5 de vodka
2/5 de crème de banane
glace pilée

Se prépare dans la coupe à cocktail remplie de glace pilée ; versez la liqueur de banane, puis la vodka. Se sert avec deux petits chalumeaux.

## *Carmencita* FRAPPÉ

3/4 de kirsch
1/4 de marasquin
1 cuillerée de sirop de papaye drink
quelques gouttes de curaçao vert
glace pilée

Versez le sirop de papaye dans la coupe à cocktail ; ajoutez de la glace pilée à volonté, puis, lentement, les deux liqueurs, sans mélanger. Terminez avec le curaçao et servez avec deux petits chalumeaux.

## *Cherry-Prunelle* AFTER DINNER

1/2 de cherry brandy
1/2 de prunelle

Se prépare directement dans la coupe à cocktail ; versez la liqueur de cerise et l'eau-de-vie de prunelle, sans mélanger.

## *Chupa-Chup* AFTER DINNER

1/3 de liqueur Galliano
1/3 de Chartreuse jaune
1/3 de crème liquide
quelques gouttes de sirop de framboise, de curaçao bleu et de Galliano

Se prépare dans le shaker avec quelques glaçons ; versez les trois premiers ingrédients et agitez. Versez ensuite dans la coupe et rajoutez en surface, sans mélanger, le sirop de framboise et les deux liqueurs.

**COCKTAILS DIGESTIFS**

## *Chupa-Chupa* ARC-EN-CIEL

1/6 de grenadine
1/6 de menthe liquide verte
1/6 de curaçao bleu
1/6 de Chartreuse jaune
1/6 de brandy
1/6 de vodka à 50°

Se prépare dans le verre cylindrique ; versez la grenadine, puis, en vous aidant de la cuiller, ajoutez dans l'ordre, goutte à goutte, les autres ingrédients. Ce digestif peut aussi être préparé à l'avance et tenu au freezer jusqu'au moment de servir.

## *Ciok-Mint* AFTER DINNER

3/4 de crème de cacao
1/4 de vodka menthe

Se prépare dans le shaker avec quelques glaçons. Se sert dans la coupe à cocktail.

## *Clinzia 1* AFTER DINNER

2/5 de cognac framboise
2/5 de liqueur Galliano
1/5 de jus de citron vert

Se prépare dans le shaker avec quelques glaçons. Se sert dans la coupe à cocktail bien froide.

## *Clinzia M.* ON THE ROCKS

3/4 de vodka
1/4 de liqueur Galliano
2 cuillerées de sirop de citron

Se prépare directement dans le petit tumbler avec de la glace pilée grossièrement ; mélangez pendant quelques instants.

## *Coffee Puncino* AFTER DINNER

un café bouillant
2 cuillerées de sucre de canne
40 g de rhum

Se prépare dans le verre à grog ou bien dans le verre à vin (réchauffé à la vapeur de la machine à café ou à l'eau bouillante) ; versez, dans l'ordre, les ingrédients, et mélangez.

## *Colombia* ARC-EN-CIEL

1 cuillerée de marasquin
1 cuillerée de sirop de framboise
1 cuillerée de curaçao bleu
2 cuillerées de Chartreuse jaune

Mélangez le sirop de framboise et le marasquin dans une verseuse, puis transvasez dans le verre cylindrique. Avec l'aide de la cuiller, ajoutez le curaçao goutte à goutte, et enfin la Chartreuse jaune.

## *Conca D'oro* AFTER DINNER

3/6 de mandarine Napoléon
2/6 de vodka clémentine
1/6 d'amaro

Se prépare dans le shaker avec quelques glaçons. Se sert dans la coupe à cocktail avec une mandarine chinoise ou un quartier de mandarine.

## *Cordial Alexander* AFTER DINNER

1/3 de cognac framboise
1/3 de crème de cacao
1/3 de crème liquide
quelques gouttes de sirop de framboise

Se prépare dans le shaker avec quelques glaçons ; versez les trois premiers ingrédients et agitez. Se sert dans le grand verre à cocktail après avoir ajouté quelques gouttes de framboise en surface, sans mélanger.

## *Crème de Menthe* FRAPPÉ

30 g de liqueur de menthe verte
2 cuillerées de glace pilée

Pour décorer : une pousse de menthe (facultatif).

Se prépare directement dans la coupe à cocktail. Se sert avec deux chalumeaux.

## *Cudini* AFTER DINNER

3 cuillerées de crème de cacao
1 cuillerée de miel
un café serré
1 cuillerée de crème fouettée

Mélangez le miel au café, et versez dans le grand verre à cocktail ; ajoutez la crème de cacao, puis, très lentement, versez la crème fouettée en surface, sans mélanger.

## 16.

# *Caruso*

1/3 de gin
1/3 de vermouth dry
1/3 de crème de menthe verte

Se prépare dans le shaker avec des glaçons. Se sert dans la coupe à cocktail.

**COCKTAILS DIGESTIFS**

## *Dagmar* ARC-EN-CIEL

1/3 de grenadine
1/3 de curaçao bleu
1/3 de poire williams

Se prépare dans le verre cylindrique ; versez d'abord le sirop et, avec l'aide de la cuiller, ajoutez successivement le curaçao et la liqueur de poire. (Attention : versez goutte à goutte pour que les ingrédients ne se mélangent pas.)

## *Dolce Piave* AFTER DINNER

3/4 de grappa
1/4 de mandarine Napoléon
un trait de grenadine
quelques gouttes de jus de citron

Pour décorer : un grain de raisin.

Se prépare dans le shaker avec quelques glaçons. Se sert dans la coupe à cocktail. Décorez avec un grain de raisin blanc.

## *Dolfin Coffee* AFTER DINNER (ph. p. 107)

un café serré
3 cuillerées de crème de cacao
1 cuillerée de crème liquide
une pincée de noix muscade

Pour décorer : noix muscade.

Se prépare dans le shaker avec quelques glaçons ; versez le café, la crème de cacao, et agitez pendant quelques secondes. Se sert dans le grand verre à cocktail en ajoutant en surface la crème, puis la noix muscade.

## *Don Carlos 2* AFTER DINNER

2/5 de brandy Carlos Primero
2/5 de Tia Maria
1/5 de Cointreau

Se prépare dans le verre à mélange avec quelques glaçons. Se sert dans la coupe à cocktail.

## *Drambuie Julep* JULEP

40 g de Drambuie
1 cuillerée de liqueur de menthe verte
2 cuillerées de glace pilée

Pour décorer : une pousse de menthe fraîche.

Se prépare dans le petit tumbler ou dans le verre à eau. Se sert avec des chalumeaux.

---

## *Duc de Maravat* AFTER DINNER

5/6 d'armagnac
1/6 de Bénédictine

Se sert directement dans le ballon moyen ou dans la coupe à cocktail.

---

## *Dulcis In...* AFTER DINNER

3/5 de scotch
1/5 de crème de banane
1/5 de crème de cacao
un glaçon, dans la coupe, sur le chocolat

Se prépare dans le verre à mélange avec quatre ou cinq glaçons. Mélangez l'alcool et la liqueur pendant 6 à 8 secondes. Versez très doucement dans la coupe, sur le glaçon, de façon que le chocolat (préalablement versé) demeure séparé dans le fond. Ôtez la glace avant de servir.

---

## *Ethel* ON THE ROCKS (ph. p. 128)

2/3 de vodka menthe
1/3 de curaçao bleu
un trait d'Unicum
deux traits de Schweppes

Se prépare dans le tumbler avec quelques glaçons. Versez tous les ingrédients, mélangez pendant quelques instants et décorez avec des spirales d'écorce d'orange ou de citron.

## *Éthiopie* ARC-EN-CIEL

1/6 de crème de cacao blanche
1/6 de liqueur de fraise
2/6 de liqueur Galliano
2/6 d'Izarra verte

Dans le verre réservé à cet usage, mélangez les deux premiers ingrédients et versez dans le verre cylindrique. Puis, avec l'aide de la cuiller, ajoutez goutte à goutte, dans l'ordre, les deux autres liqueurs.

## *Eva New F.* JULEP

40 g de cachaca
1 cuillerée de liqueur de menthe blanche
2 cuillerées de glace pilée

Pour décorer : une pousse de menthe.

Se prépare directement dans le petit tumbler (ou dans le verre à vin) refroidi au préalable. Décorez avec une pousse de menthe et servez avec des chalumeaux. (Cachaca : liqueur brésilienne obtenue par fermentation de la canne à sucre.)

## *Fall River* AFTER DINNER

2/3 de rye whiskey
1/6 de liqueur de menthe verte
1/6 de curaçao bleu

Pour décorer : une petite cerise verte.

Se prépare dans le shaker avec quelques glaçons. Se sert dans la coupe à cocktail avec une petite cerise verte.

## *Fanny* ON THE ROCKS

2/5 d'Amer Picon
2/5 de bourbon
1/5 de triple sec

Se prépare directement dans le petit tumbler avec des glaçons.

## *Fernet & Menthe* ON THE ROCKS

20 g de Fernet-Branca
20 g de liqueur de menthe verte

Pour décorer : une pousse de menthe (facultatif).

Se prépare directement dans le petit tumbler avec quelques glaçons.

◄ *De gauche à droite : Green Sherry (p. 139), Angers New Fashion (p. 109), Ethel (p. 127).*

**COCKTAILS DIGESTIFS**

## *Finlande* AFTER DINNER

2/4 de vodka
1/4 de poire williams
1/4 de curaçao bleu

Se prépare dans le verre à mélange avec quatre ou cinq glaçons. Se sert dans la coupe à cocktail.

## *Flag's Pope* ARC-EN-CIEL

20 g de liqueur Galliano
20 g d'Inca Pisco

Versez la liqueur dans le verre cylindrique ; avec la cuiller, ajoutez ensuite en surface la grappa péruvienne, goutte à goutte.

## *Forfar* ON THE ROCKS

3/6 de canadian whisky
2/6 de Glayva
(liqueur au whisky et au miel)
1/6 de Bénédictine

Se prépare directement dans le petit tumbler avec des glaçons.

## *Foscari* AFTER DINNER

un café serré et sucré
2 cuillerées de cognac
2 cuillerées de Cointreau

Se prépare directement dans le verre à dégustation (préalablement réchauffé), ou dans le verre à vin.

## *Four & One* FRAPPÉ (ph. p. 115)

4/5 de mirabelle
1/5 de liqueur de menthe blanche
2 cuillerées de glace pilée

Pour décorer : une cerise au marasquin et une rondelle de kiwi.

Se prépare dans le grand verre à cocktail avec de la glace pilée. Versez l'alcool de mirabelle et la liqueur de menthe. Mélangez pendant un instant et décorez avec une cerise au marasquin et une rondelle de kiwi. Se sert avec de petits chalumeaux.

**COCKTAILS DIGESTIFS**

## *Franca* AFTER DINNER

3/4 de grappa
1/4 de mandarine Napoléon
1 cuillerée de jus de citron vert

Se prépare dans le shaker avec quelques glaçons. Se sert dans la coupe à cocktail.

---

## *France* ARC-EN-CIEL

1/6 de cherry brandy
1/6 de sirop de papaye
2/6 d'anisette
2/6 de vodka Chaskaya bleue

Mélangez la liqueur de cerise et le sirop de papaye dans le verre à mélange ; versez dans le verre cylindrique, et ajoutez goutte à goutte l'anisette, puis la vodka bleue.

---

## *Frescada* AFTER DINNER

un café serré et sucré
2 cuillerées de crème de cacao

Se prépare dans le shaker avec quelques glaçons. Se sert dans le grand verre à cocktail.

---

## *Friska* ON THE ROCKS (ph. p. 137)

1/2 de vodka citron (20 g)
1/2 de Suze

Pour décorer : une fleur des champs.

Se prépare dans le petit tumbler ou dans le verre à vin avec quelques glaçons ; versez les deux ingrédients et décorez avec une fleur des champs piquée dans un petit chalumeau.

---

## *Fronda* AFTER DINNER

un café serré
2 boules de glace à la vanille
3 cuillerées de vodka pêche
1 cuillerée de mandarine Napoléon

Se prépare dans le shaker avec quelques glaçons (ou dans le mixer avec un peu de glace pilée). Se sert dans le grand verre à cocktail.

# 17.

# Casino

3/4 de gin
1/12 de marasquin
1/2 d'orange bitter
1/2 de jus de citron

Pour décorer : une cerise au marasquin.

Se prépare dans le shaker avec un peu de glace. Se sert dans la coupe à cocktail. Décorez avec une cerise au marasquin.

**COCKTAILS DIGESTIFS**

## *G.C.V.* ARC-EN-CIEL

2/5 de Tía Maria
1/5 de curaçao bleu
2/5 de vodka

Se prépare directement dans le verre cylindrique ; versez lentement les ingrédients, dans l'ordre indiqué, en vous aidant de la cuiller. Ce digestif se sert glacé, et doit donc être maintenu préalablement au freezer pendant au moins 15 minutes.

## *Galway* AFTER DINNER

3/5 de vodka
1/5 de porto blanc
1/5 de crème de banane

Se prépare dans le verre à mélange avec quelques glaçons. Se sert dans la coupe à cocktail.

## *Galway 2* AFTER DINNER

2/6 de vodka banane
2/6 de Cointreau
1/6 de crème de cacao
1/6 de crème liquide
quelques gouttes de sirop de kiwi et de sirop de fraise

Se prépare dans le shaker avec quelques glaçons. Versez les trois premiers ingrédients et agitez pendant 6 à 8 secondes. Se sert dans le grand verre à cocktail. Ajoutez la crème en surface et, par-dessus, les gouttes de sirop.

## *Giappone (Japon)* ARC-EN-CIEL

1/2 d'eau-de-vie de framboise
1/2 de marasquin

Pour décorer : une cerise au marasquin.

Versez le marasquin dans le verre cylindrique, déposez la cerise au centre, bien droite, puis ajoutez l'alcool de framboise, goutte à goutte.

**COCKTAILS DIGESTIFS**

## *Gino* AFTER DINNER

un café bouillant
1 cuillerée de Cointreau
1 cuillerée d'Amaretto di Saronno
1 cuillerée de cognac
1 cuillerée de crème fouettée
quelques gouttes de sirop de
framboise

Dans une petite casserole, ou bien à
la vapeur de la machine à café,
réchauffez les trois liqueurs et
versez-les dans le ballon chaud ;
ajoutez la crème et, par-dessus,
quelques gouttes de sirop de
framboise.

## *Gipsy Coffee* AFTER DINNER

un café bouillant et sucré
20 g de crème de cacao
20 g de cognac
1 cuillerée de crème battue

Réchauffez pendant quelques
instants, à la vapeur ou dans une
petite casserole, le chocolat et le
brandy ; puis versez le mélange dans
le verre à vin chaud, ajoutez le café
et, avec la petite cuiller, la crème en
surface.

## *Giudecca* FRAPPÉ

3/4 de grappa
1/4 de sirop d'orgeat
quelques gouttes de liqueur de
menthe verte
2 cuillerées de glace pilée

Versez la grappa et le sirop d'orgeat
dans le grand verre à cocktail ;
ajoutez la glace pilée, mélangez, et
versez en surface quelques gouttes
de menthe.

## *Glenmore* FRAPPÉ (ph. p. 137)

4/5 de curaçao bleu
1/5 de sirop de mangue
sirop de framboise
glace pilée

Versez le curaçao dans la coupe à
cocktail avec de la glace pilée,
ajoutez le sirop de mangue et enfin,
au centre, le sirop de framboise.

**COCKTAILS DIGESTIFS**

## *Golden Cadillac* ON THE ROCKS

1/3 de liqueur Galliano
1/3 de crème de cacao blanche
1/3 de crème liquide

Se prépare dans le shaker avec quelques glaçons ; agitez pendant 6 à 8 secondes. Se sert dans le tumbler moyen avec la glace restante et deux chalumeaux.

## *Golden Dream 1* AFTER DINNER

1/3 de liqueur Galliano
1/3 de Cointreau
1/6 d'orange pressée
1/6 de crème liquide
quelques gouttes de sirop de kiwi

Se prépare dans le shaker avec quelques glaçons ; versez les quatre premiers ingrédients et agitez pendant 6 à 8 secondes. Se sert dans le grand verre à cocktail avec quelques gouttes de sirop de kiwi en surface.

## *Gonzales-Vanille* AFTER DINNER

5/6 de brandy espagnol Lepanto
1/6 de liqueur de vanille

Se prépare dans le verre à mélange avec quelques glaçons ; versez le brandy espagnol, la vanille, et mélangez pendant quelques instants. Se sert dans la coupe à cocktail.

## *Goodfather* ON THE ROCKS

2/3 de bourbon
1/3 d'Amaretto di Saronno

Se prépare directement dans le petit tumbler avec des glaçons.

## *Goodmother* ON THE ROCKS

2/3 de vodka
1/3 d'Amaretto di Saronno

Se prépare directement dans le petit tumbler avec des glaçons.

*De gauche à droite : Friska (p. 131), Glenmore (p. 135), Mint Julep (p. 154).*

**COCKTAILS DIGESTIFS**

## *Grand Hôtel* AFTER DINNER

un café bouillant
2 cuillerées d'Amaretto di Saronno
2 cuillerées de triple sec
1 cuillerée de crème fouettée

Se prépare directement dans le ballon (préalablement réchauffé) ; versez et mélangez pendant quelques instants les trois premiers ingrédients, puis ajoutez lentement la crème, de façon qu'elle reste en surface. Pour battre la crème, il suffit de l'agiter pendant quelques secondes dans le shaker très froid.

## *Grazia* ON THE ROCKS

7/10 d'Amaretto di Saronno
2/10 de mandarine Napoléon
1/10 de vodka banane
2 cuillerées de jus d'orange
2 cuillerées de jus de citron

Pour décorer : une cerise rouge au marasquin.

Se prépare dans le shaker avec quelques glaçons. Se sert dans le petit tumbler ou le tumbler moyen avec une cerise rouge au marasquin.

## *Green Dreams* AFTER DINNER

1/3 d'Izarra verte
1/3 de curaçao bleu
1/3 de crème liquide
quelques gouttes de sirop de rose

Excepté les gouttes de sirop de rose que l'on ajoutera en surface avant de servir, les autres ingrédients doivent être agités dans le shaker avec quelques glaçons. Servez dans le grand verre à cocktail.

## *Green Marc* AFTER DINNER

2/3 de vieux marc
1/6 de peppermint vert
1/6 de curaçao bleu

Se prépare dans le shaker avec quelques glaçons. Se sert dans la coupe à cocktail.

## *Green Sherry* AFTER DINNER (ph. p. 128)

4/5 de Sherry Cream
1/5 de curaçao bleu

Pour décorer : deux grains de raisin.

Se prépare dans le verre à mélange avec quelques glaçons ; versez le sherry, le curaçao, et mélangez pendant quelques instants. Servez dans la copita (petit verre spécial pour sherry, porto, madère). Décorez avec deux grains de raisin posés à cheval sur le bord du verre.

---

## *Green Witch* ON THE ROCKS

3/4 de Chartreuse verte
1/8 de liqueur de banane
1/8 de liqueur d'ananas
deux traits de curaçao bleu

Se prépare directement dans le petit tumbler avec quelques glaçons.

---

## *Guido's* AFTER DINNER

3/4 d'amaro
1/4 d'apricot brandy
quatre gouttes de Boonekamp

Se prépare dans le verre à mélange avec quelques glaçons. Se sert dans la coupe à cocktail.

---

## *Gustav* AFTER DINNER

1/3 de liqueur Galliano
1/3 d'anisette
1/6 de gentiane
1/6 de curaçao bleu

Mélangez dans le shaker avec quelques glaçons.

---

## *Haïti* ON THE ROCKS

2/5 de rhum blanc
1/5 de cognac
1/5 de cognac framboise
1/5 de sirop de citron vert
quatre gouttes de jus de citron

Se prépare dans le shaker avec quelques glaçons. Se sert dans le petit tumbler avec toute la glace restante.

**COCKTAILS DIGESTIFS**

## *Himbeer Alexandra* AFTER DINNER

1/3 d'eau-de-vie de framboise
1/3 de crème de cacao
1/3 de crème liquide
une goutte de sirop de framboise

Agitez pendant 6 à 8 secondes dans le shaker (avec des glaçons) l'alcool de framboise, la liqueur de cacao et la crème. Servez dans le grand verre à cocktail, après avoir ajouté le sirop de framboise en surface.

## *Honey* AFTER DINNER

1/3 de bourbon
1/3 de Cointreau
1/3 de Drambuie
1 cuillerée de citron pressé

Se prépare dans le shaker avec des glaçons ; agitez pendant quelques instants. Se sert dans la coupe à cocktail préalablement refroidie.

## *Incas* ON THE ROCKS

2/3 d'Inca Pisco
1/3 de vodka menthe
deux gouttes de Ricard

Se prépare dans le petit tumbler avec quelques glaçons ; versez l'eau-de-vie péruvienne et la vodka menthe ; mélangez pendant un instant, puis ajoutez le Ricard.

## *International Coffee* AFTER DINNER (ph. p. 140)

un café bouillant et sucré
1 cuillerée de Cointreau
1 cuillerée de crème de cacao
1 cuillerée d'Amaretto di Saronno
1 cuillerée de crème fouettée
quelques gouttes de curaçao bleu,
de curaçao vert, de sirop de fraise

Versez dans un grand ballon (préalablement réchauffé) les quatre premiers ingrédients. Ajoutez la crème en surface et décorez-la délicatement avec les liqueurs et le sirop.

◀ *De gauche à droite : International Coffee (p. 141), Prairie Oyster (p. 162), Skelton (p. 183).*

**COCKTAILS DIGESTIFS**

## *Iran* ARC-EN-CIEL

1/6 de sirop de fraise
1/6 de cherry brandy
2/6 d'anisette
2/6 de vodka Chaskaya bleue
quelques gouttes de curaçao vert

Dans le verre à mélange, mélangez les deux premiers ingrédients, puis versez dans le verre cylindrique. Après avoir lavé et essuyé le verre à mélange, recommencez l'opération avec la vodka et le curaçao vert, après avoir ajouté l'anisette sur les liqueurs rouges.

## *Irish Coffee* AFTER DINNER

40 g d'irish whiskey
un café bouillant
2 cuillerées de sucre brun
2 cuillerées de crème battue

Se prépare dans le verre à vin réchauffé. Versez d'abord le café sucré, ajoutez le whiskey (si possible réchauffé) et en dernier lieu la crème, en la versant lentement de façon qu'elle reste en surface.

## *Isabelle* ON THE ROCKS

4/5 d'amaro
1/5 de liqueur de menthe
deux traits de liqueur Galliano

Se prépare dans le petit tumbler avec quelques glaçons. Mélangez quelques instants.

## *Italia* ARC-EN-CIEL (ph. p. 156)

3 cuillerées de grenadine
1 cuillerée de cherry brandy
3 cuillerées d'anisette
1 cuillerée de liqueur de menthe blanche
4 cuillerées de Chartreuse jaune
quelques gouttes de curaçao bleu

Dans le verre à mélange, versez la grenadine et le cherry brandy, mélangez, puis versez dans le verre cylindrique. À l'aide de la cuiller, répétez ensuite l'opération avec l'anisette et la menthe, puis avec le curaçao et la Chartreuse. Versez les liqueurs goutte à goutte pour bien les séparer les unes des autres.

**COCKTAILS DIGESTIFS**

## *Italian Stinger* AFTER DINNER

3/5 de cognac
2/5 de liqueur Galliano

Se prépare dans le shaker avec quelques glaçons. Se sert dans la coupe à cocktail bien froide.

## *Iza* AFTER DINNER

3/4 d'Izarra jaune
1/4 de Drambuie

Se prépare dans la coupe à cocktail ; versez les deux liqueurs dans l'ordre indiqué, sans mélanger.

## *Jameson & Sabra* ON THE ROCKS

1/2 de whiskey Jameson
1/2 de liqueur Sabra

Se prépare dans le petit tumbler avec deux ou trois glaçons ; versez le whiskey irlandais, la liqueur israélienne, et mélangez pendant quelques instants avec le batteur.

## *Jolly* ON THE ROCKS

2/4 de crème de cacao
1/4 de vodka
1/4 de curaçao

Dans le petit tumbler, versez le chocolat, la vodka, la liqueur d'orange ; mélangez pendant quelques instants, puis ajoutez deux ou trois glaçons.

## *Jugoslavia* ARC-EN-CIEL

1 cuillerée de grenadine
2 cuillerées de crème de cacao blanche
1 cuillerée d'anisette
2 cuillerées de liqueur de menthe blanche
2 cuillerées de vodka Chaskaya bleue

Dans le verre réservé à cet usage, mélangez la grenadine et la crème de cacao, puis versez dans le verre cylindrique. Répétez l'opération avec l'anisette et la menthe, goutte à goutte, à l'aide de la cuiller. Avec un cure-dents, mettez une cerise découpée en étoile dans la liqueur blanche et ajoutez la vodka.

## 18.

# Claridge

1/3 de gin
1/3 de vermouth dry
1/6 d'apricot brandy
1/6 de Cointreau

Se prépare dans le verre à mélange avec quelques glaçons. Ajoutez les ingrédients dans l'ordre indiqué et mélangez avec une cuiller à long manche. Servez dans la coupe à cocktail.

**COCKTAILS DIGESTIFS**

## *June* AFTER DINNER

*2/5 de crème de cacao*
*2/5 de mandarine Napoléon*
*1/5 de crème liquide*
*une pincée de cacao amer*

Agitez dans le shaker, avec des glaçons, les trois premiers ingrédients pendant 6 à 8 secondes. Se sert dans la coupe à cocktail en saupoudrant de cacao.

## *Kahlúa Alexandra* AFTER DINNER

*1/3 de Kahlúa*
*1/3 de cognac*
*1/3 de crème liquide*
*une pincée de café soluble*

Se prépare dans le shaker avec quatre ou cinq petits morceaux de glace. Versez la liqueur au café, le cognac et la crème, et agitez fortement pendant 6 à 8 secondes. Servez dans le grand verre à cocktail et décorez en surface avec le café soluble.

## *Karol* AFTER DINNER (ph. p. 147)

*3/5 de vodka Moskovskaya*
*1/5 de liqueur de banane*
*1/5 de cognac framboise*
*1 cuillerée de glace au citron*
*1 cuillerée de sirop de rose*

Agitez bien dans le shaker, avec des glaçons, tous les ingrédients, sauf le sirop de rose. Versez ensuite le mélange dans le grand verre à cocktail et ajoutez le sirop.

## *Keith* FRAPPÉ

*3/5 d'anisette*
*2/5 de liqueur de menthe blanche*
*quelques gouttes de sirop de fraise*
*quelques gouttes de sirop de kiwi*

Se prépare dans la coupe à cocktail avec de la glace pilée. Versez les ingrédients dans l'ordre indiqué, sans mélanger.

*De gauche à droite :*
*Matrioska (p. 153), Red & Dark (p. 164), Karol (p. 146).*

**COCKTAILS DIGESTIFS**

## Ketty ON THE ROCKS

3/5 de scotch
2/5 de vodka ananas
quatre gouttes de sirop de papaye

Se prépare directement dans le petit tumbler avec des glaçons. Versez les deux premiers ingrédients. Mélangez pendant quelques instants puis ajoutez le sirop de papaye.

## King Alphonse ARC-EN-CIEL

3/4 de Kahlúa
1/4 de crème liquide

Refroidissez le shaker avec de la glace (ou bien en le tenant quelques minutes au freezer). Agitez la crème pendant quelques secondes ; versez ensuite la liqueur de café dans la coupe à cocktail et ajoutez la crème délicatement, sans mélanger.

## Klinzia 1 ON THE ROCKS

2/5 de liqueur Galliano
2/5 d'Izarra verte
1/5 d'Inca Pisco

Se prépare directement dans le petit tumbler avec quelques glaçons. Versez ensuite les deux liqueurs et l'eau-de-vie péruvienne ; mélangez pendant quelques instants.

## Lady Di AFTER DINNER

4/10 de tequila
3/10 de Bénédictine
2/10 de crème liquide
1/10 de lait de coco
une goutte de sirop de rose

Pour décorer : pétales de rose.

Se prépare dans le shaker avec quelques glaçons ; versez les quatre premiers ingrédients et agitez. Le mélange se sert dans le verre à vin. Décorez avec quelques pétales de rose trempés dans le sirop et posés sur le bord du verre.

## Lagune Verte ON THE ROCKS

3/4 de liqueur de menthe verte
1/8 de Pernod
1/8 de curaçao bleu

Se prépare directement dans le petit tumbler avec quelques glaçons.

## *Luxembourg* ARC-EN-CIEL

3 cuillerées d'anisette
1 cuillerée de curaçao bleu
3 cuillerées de grappa
1 cuillerée de liqueur de menthe blanche
4 cuillerées de vodka Chaskaya rouge

Mélangez les deux premiers ingrédients et versez dans le verre cylindrique. Répétez l'opération (avec l'aide de la petite cuiller) pour la grappa et la liqueur de menthe. Ajoutez enfin, goutte à goutte, la vodka rouge.

## *Macbeth* AFTER DINNER

40 g de kirsch
une petite boule de glace au citron
1 cuillerée de sirop de fraise

Se prépare dans le shaker avec quelques morceaux de glace ; agitez pendant quelques secondes l'alcool de cerise (kirsch) et la glace au citron. Servez dans le grand verre à cocktail en ajoutant en surface le sirop de fraise, sans mélanger.

## *Madeleine* AFTER DINNER

1/2 d'eau-de-vie de framboise
1/2 de crème de cacao
1 cuillerée de crème glacée
quelques gouttes de grenadine
quelques gouttes de curaçao bleu

Se prépare dans le shaker avec des glaçons ; versez les trois premiers ingrédients et agitez pendant 6 à 8 secondes. Servez dans le grand verre à cocktail en ajoutant la grenadine et le curaçao en surface.

## *Magdalen* AFTER DINNER

40 g de cognac framboise
1 cuillerée de glace à la fraise

Se prépare dans le shaker avec de la glace grossièrement broyée. Se sert dans le grand verre à cocktail ou dans la coupe à champagne.

# 19.

# Clover Club

2/3 de gin
1/3 de grenadine
un demi-citron pressé
la moitié d'un blanc d'œuf

Se prépare dans le shaker avec un peu de glace. Servez dans le grand verre à cocktail ou dans le verre à vin.

**COCKTAILS DIGESTIFS**

## *Marcelius* AFTER DINNER

1/2 d'armagnac
1/2 de triple sec

Dans la coupe à cocktail, versez d'abord le triple sec, puis l'alcool de vin, sans mélanger.

## *Maria Beatrice* AFTER DINNER

1/3 d'apricot brandy
1/3 de vodka
1/6 de cognac framboise
1/6 de crème liquide
quelques gouttes de liqueur
Galliano, de curaçao bleu et de
sirop de framboise

Se prépare dans le shaker avec quelques glaçons. Versez les quatre premiers ingrédients. Agitez pendant 6 à 8 secondes et servez dans le grand verre à cocktail. Décorez en surface avec la liqueur Galliano, le curaçao et le sirop de framboise.

## *Maria Teresa* ARC-EN-CIEL

20 g de liqueur de menthe verte
20 g de tequila

A l'aide de la petite cuiller, versez la menthe dans le verre cylindrique et ajoutez ensuite, très doucement, la tequila (alcool obtenu à partir de l'agave).

## *Marianna* ARC-EN-CIEL (ph. p. 187)

50 g de porto blanc frais
1 cuillerée de sirop de fraise
1 cuillerée de vodka Chaskaya bleue
un cube de glace

Pour décorer : une fraise.

Dans le verre à vin ou la flûte, versez le sirop de fraise ; ajoutez le cube de glace sur lequel vous verserez le porto (délicatement afin qu'il ne se mélange pas au sirop) ; répétez l'opération avec la vodka, ôtez le cube de glace et décorez avec une fraise posée sur le bord du verre.

**COCKTAILS DIGESTIFS**

## *Marigian* AFTER DINNER

un café bouillant et sucré
1 cuillerée de poire williams
1 cuillerée de Cointreau

Se prépare directement dans le ballon
ou dans le verre à vin (préalablement
réchauffé) ; versez les ingrédients
dans l'ordre.

## *Mark* ON THE ROCKS

3/4 de Cointreau
1/4 d'irish whiskey

Se prépare directement dans le petit
tumbler avec quelques glaçons.
Mélangez pendant quelques instants
avec le batteur.

## *Martha* AFTER DINNER

3/4 de tequila glacée
1/4 de Cointreau
une framboise fraîche ou surgelée

Pour décorer : une framboise.

Versez le Cointreau dans la coupe à
cocktail, si possible refroidie ; ajoutez
la tequila et décorez avec la
framboise.

## *Massimiliana* AFTER DINNER

2/3 d'advocaat
1/3 de marsala
deux traits de cognac

Se prépare dans le shaker avec
quelques glaçons ; versez l'advocaat
(liqueur hollandaise à base d'alcool et
de jaunes d'œufs), puis le marsala, et
agitez pendant 6 à 8 secondes.
Servez dans la coupe à cocktail après
avoir ajouté le cognac en surface.

## *Matrioska* COCKTAIL (ph. p. 147)

2/3 de jus de tomate frais
1/3 de vodka glacée
deux traits de Worcester Sauce
trois gouttes de tabasco
une pincée de sel de céleri
1 ou 2 cuillerées de citron pressé

Versez, dans le tumbler moyen, tous
les ingrédients sauf la vodka, et
mélangez pendant quelques instants
avec la cuiller longue. Ajoutez ensuite
la vodka (toujours avec l'aide de la
cuiller), sans mélanger.

**COCKTAILS DIGESTIFS**

## *Matthew* AFTER DINNER

4/5 de Chartreuse jaune
1/5 de Drambuie

Se prépare dans le shaker avec quelques glaçons ; versez la Chartreuse, le whisky au miel, agitez pendant quelques secondes et servez dans la coupe à cocktail.

## *Merletto* ON THE ROCKS

un café serré
1 cuillerée d'advocaat
1 cuillerée de crème de cacao brune

Se prépare dans le shaker avec quelques glaçons. Se sert dans le petit tumbler avec la glace restante.

## *Milly* ON THE ROCKS

3/4 de kirsch
1/4 de marasquin

Pour décorer : une cerise au marasquin.

Se prépare directement dans le petit tumbler avec quelques glaçons. Décorez avec une cerise au marasquin.

## *Mint Julep* JULEP (ph. p. 137)

40 g de bourbon
1 cuillerée de sucre
1 cuillerée de soda ou d'eau de Seltz
glace pilée

Pour décorer : une pousse de menthe fraîche.

Dans le petit tumbler (préalablement refroidi), mettez six petites feuilles de menthe, le sucre, le soda, et pressez bien avec la cuiller-pilon (ou smuggler). Remplissez le verre de glace, ajoutez le bourbon (si possible refroidi) et mélangez pendant quelques instants. Décorez avec une pousse de menthe fraîche et servez avec des chalumeaux.

## *Mirabelle* ARC-EN-CIEL (ph. p. 156)

1 cuillerée de sirop de fraise
2 cuillerées de mirabelle
1 cuillerée de miel
1 cuillerée de vodka Chaskaya bleue

Versez la fraise dans un verre à vin, ajoutez goutte à goutte l'alcool de mirabelle et le miel (bien mélangés précédemment dans le verre réservé à cet usage), avant de verser la vodka, de façon que les trois couleurs soient séparées les unes des autres.

## *Mandarine* AFTER DINNER

1/2 de crème de cassis
1/2 de mandarine Napoléon

Se prépare dans le shaker avec quelques glaçons. Se sert dans la coupe à cocktail.

## *Mist & Mist* ON THE ROCKS

1/3 d'Irish Mist
1/3 d'irish whiskey
1/3 de Tía Maria

Se prépare directement dans le petit tumbler avec des glaçons. (Irish Mist : liqueur irlandaise à base de whiskey et de miel.)

## *Mizar* AFTER DINNER

1/3 de mirabelle
1/3 d'Izarra verte
1/3 de Bénédictine

Pour décorer : une prune au sirop.

Se prépare dans le verre à mélange avec quelques glaçons. Se sert dans la coupe à cocktail. Décorez avec une prune au sirop.

## *Moll* ARC-EN-CIEL

1 cuillerée de marasquin
1 cuillerée de sirop de papaye
1 cuillerée de liqueur de menthe verte
1 cuillerée de Chartreuse jaune

Dans le verre réservé à cet usage, mélangez le sirop de papaye avec le marasquin et versez dans le verre cylindrique ; à l'aide d'une petite cuiller, ajoutez très doucement la menthe, puis la Chartreuse jaune.

## *Monaco* ARC-EN-CIEL

5 cuillerées d'anisette
1 cuillerée de sirop de sucre
6 cuillerées de vodka Chaskaya rouge

Dans le verre réservé à cet usage, mélangez l'anisette et le sirop de sucre ; versez dans le verre cylindrique, puis ajoutez la vodka en surface, goutte à goutte. Gardez 10 minutes au freezer avant de servir.

## *Montesquieu* AFTER DINNER

40 g d'armagnac
quatre gouttes de peppermint

Se prépare directement dans le ballon ou dans la coupe à cocktail.

## *My Girl* AFTER DINNER

1/3 de bourbon
1/3 de Kahlúa
1/3 de crème de cacao brune

Se prépare dans le shaker avec quelques glaçons ; agitez pendant 6 à 8 secondes. Servez dans la coupe à cocktail.

## *Nassau* ON THE ROCKS

3/6 de rhum blanc
2/6 de crème d'ananas
1/6 de marasquin

Pour décorer : un petit morceau d'ananas, une rondelle de banane et une petite cerise.

Se prépare dans le shaker avec quelques glaçons. Se sert (glace comprise) dans le petit tumbler, avec un morceau d'ananas, une rondelle de banane et une petite cerise.

## *Nicoletta* AFTER DINNER

40 g de vodka citron vert glacée
un trait de Parfait Amour

Se prépare dans la coupe à cocktail refroidie ; versez d'abord la vodka puis la liqueur, sans mélanger.

◀ *De gauche à droite : Pousse-L'Amour (p. 162), Mirabelle (p. 155), Italia (p. 142).*

**COCKTAILS DIGESTIFS**

## *Nikolascka* AFTER DINNER

40 g de cognac
une tranche fine de citron
une pincée de café en poudre
1 cuillerée de sucre

Pour décorer : café en poudre et une petite tranche de citron.

Versez directement le cognac dans la coupe à cocktail (ou dans le verre à dégustation) et appuyez sur le bord la tranche de citron parsemée de sucre et de café. Pour boire, mettez le citron dans la bouche.

## *Norma 3* ON THE ROCKS

2/4 de vodka ananas
1/4 de grappa au miel
1/8 de Chartreuse jaune
1/8 de curaçao bleu

Se prépare directement dans le petit tumbler avec quelques glaçons en pressant un zeste de citron en surface.

## *Orangilli* ON THE ROCKS

3/5 de grappa
1/5 de mandarine Napoléon
1/5 de Cointreau

Se prépare directement dans le petit tumbler avec trois ou quatre glaçons. Mélangez pendant quelques instants avec le batteur.

## *Oregon* ON THE ROCKS

3/5 de gin
1/5 de liqueur de vanille
1/5 de calvados
un trait d'Izarra
un trait de jus de citron

Se prépare dans le shaker avec quelques glaçons. Se sert dans le petit tumbler avec toute la glace restante.

## *Oreste* FRAPPÉ

3/4 d'Izarra
1/4 de Cointreau
glace pilée à volonté

Se prépare directement dans la coupe à cocktail avec une cerise au marasquin et deux petits chalumeaux.

## *Paola* ON THE ROCKS

2/4 de Cointreau
1/4 de vodka
1/4 de curaçao bleu
quatre gouttes de crème de violette

Se prépare directement dans le petit tumbler avec quelques glaçons. Mélangez pendant quelques instants avec le batteur.

## *Passion Fruit* AFTER DINNER (ph. p. 165)

30 g de vodka
10 g de cognac framboise
1 cuillerée de maracujà
1 cuillerée de sirop de fraise

Se prépare dans le shaker avec quelques glaçons. Se sert dans le grand verre à cocktail ou dans le verre à vin.

## *Passion Grecque* FRAPPÉ

4/5 d'ouzo
1/5 de vodka menthe
2 cuillerées de glace pilée

Se prépare dans la coupe avec de la glace pilée ; versez l'ouzo (liqueur à l'anis de production grecque) et mélangez pendant quelques instants. Ajoutez la vodka menthe et servez avec de petits chalumeaux.

## *Perfect Picon* ON THE ROCKS

4/5 d'Amer Picon
1/5 de liqueur de menthe
cinq gouttes d'Unicum

Pour décorer : une pousse de menthe fraîche.

Se prépare directement dans le petit tumbler avec des glaçons et une pousse de menthe fraîche.

## *Pipeltjens* AFTER DINNER

5/6 de liqueur d'orange
1/6 de poire williams

Pour décorer : un quartier d'orange et de poire.

Se prépare dans le verre à mélange avec des glaçons. Se sert dans la coupe à cocktail. Décorez avec un quartier d'orange et un quartier de poire (facultatif).

## 20.

# *Czarina*

2/4 de vodka à 50°
1/4 de vermouth dry
1/4 d'apricot brandy
une goutte d'Angostura

Se prépare dans le verre à mélange avec quelques glaçons. Versez les ingrédients dans l'ordre, puis mélangez pendant quelques instants. Servez dans la coupe à cocktail.

**COCKTAILS DIGESTIFS**

## *Polonia* ARC-EN-CIEL

1 cuillerée de marasquin
2 cuillerées de sirop de fraise
1 cuillerée de cherry brandy
2 cuillerées de vodka polonaise

Dans le verre réservé à cet usage, mélangez les trois premiers ingrédients et versez-les dans le verre cylindrique ; ajoutez ensuite, goutte à goutte, l'alcool blanc.

## *Pousse-L'Amour* ARC-EN-CIEL (ph. p. 156)

1/3 de marasquin
un jaune d'œuf
1/3 de Bénédictine
1/3 de cognac

Dans le verre cylindrique, versez tous les ingrédients dans l'ordre indiqué, et avec l'aide de la cuiller de façon qu'ils ne se mélangent pas entre eux.

## *Prairie Oyster* AFTER DINNER (ph. p. 140)

1 cuillerée (ou plus) de jus de tomate
1 ou 2 cuillerées de ketchup
deux traits de Worcester Sauce
quelques gouttes de vinaigre, sel, poivre et paprika
un jaune d'œuf frais

Se prépare directement dans la coupe à cocktail. Versez les ingrédients dans l'ordre indiqué. Le vinaigre peut être remplacé par du jus de citron. Ce cocktail se boit d'un trait, sans mélanger les ingrédients.

## *Puszta* AFTER DINNER

3/8 d'apricot brandy
3/8 de Mecseki
(liqueur hongroise)
2/8 de vin de Tokay sec
un trait d'Angostura

Se prépare dans le shaker avec quelques glaçons. Se sert dans la coupe à cocktail avec une cerise rouge.

Pour décorer : une cerise rouge.

## *Quaresimini* AFTER DINNER

1/3 de crème de cacao
1/3 d'irish whiskey
1/3 de crème liquide
2 cuillerées de café serré

Se prépare dans le shaker avec quelques glaçons. Se sert dans le grand verre à cocktail.

**COCKTAILS DIGESTIFS**

## *Quatre Roues* ON THE ROCKS (ph. p. 165)

1/4 de bourbon
1/4 de triple sec
1/4 de marasquin
1/4 de citron pressé

Pour décorer : une cerise au marasquin et un zeste d'orange.

Se prépare dans le shaker avec quelques glaçons. Se sert dans la coupe à cocktail ou dans le verre à vin. Décorez avec une cerise au marasquin et un zeste d'orange posé sur le bord du verre.

## *Quinamaro* ON THE ROCKS

1/2 d'amaro
1/2 de Saint-Raphaël

Pour décorer : une spirale d'écorce d'orange.

Se prépare directement dans le petit tumbler avec quelques glaçons.

## *Raffaella* AFTER DINNER

2/6 de cognac
2/6 de crème liquide
1/6 de Cointreau
1/6 d'apricot brandy
quelques gouttes de curaçao bleu
quelques gouttes de grenadine

Se prépare dans le shaker avec des glaçons. Versez les quatre premiers ingrédients et agitez pendant 6 à 8 secondes. Se sert dans la coupe à cocktail ou dans le verre à vin avec, en surface, les gouttes de curaçao et de grenadine.

## *Rainbow* ARC-EN-CIEL

1/7 de crème de cacao brune
1/7 de crème d'Yvette
1/7 de Chartreuse jaune
1/7 de marasquin
1/7 de Chartreuse verte
1/7 de Bénédictine
1/7 de cognac

Dans le verre cylindrique, versez la première liqueur, puis, avec l'aide de la cuiller, ajoutez goutte à goutte les autres ingrédients. (Crème d'Yvette : liqueur américaine à saveur de violette.)

**COCKTAILS DIGESTIFS**

## *Red & Dark* ON THE ROCKS (ph. p. 147)

1/3 de Tía Maria
1/3 de crème de cacao brune
1/3 de café serré
1 cuillerée de sirop de fraise

Se prépare dans le shaker avec des glaçons. Versez les trois premiers ingrédients et mélangez pendant quelques instants. Versez ensuite le mélange dans le petit tumbler, ajoutez le sirop de fraise et quelques glaçons.

## *Red & White* ARC-EN-CIEL

20 g de cherry brandy
20 g de poire williams

Se prépare dans le verre cylindrique. Versez la liqueur de cerise, et, avec l'aide de la cuiller, ajoutez l'alcool de poire très doucement, de façon que les liqueurs ne se mélangent pas entre elles.

## *Ria* AFTER DINNER

20 g de cognac
20 g de Tía Maria

Se prépare dans le verre à mélange avec quelques glaçons. Se sert dans la coupe à cocktail.

## *Rio Novo* AFTER DINNER

4/5 de vodka
1/5 de grappa
1 cuillerée de liqueur de vanille
un trait de curaçao bleu

Se prépare dans le verre à mélange avec quelques glaçons. Se sert dans la coupe à cocktail.

## *Rosanna* ON THE ROCKS

40 g de cognac
1 cuillerée de Fernet-Branca
1 cuillerée de liqueur Galliano
1 cuillerée de cognac framboise

Se prépare directement dans le petit tumbler avec des glaçons.

*De gauche à droite : Passion Fruit (p. 159), Quatre Roues (p. 163), Sciltian (p. 173).*

## 21.

# *Daiquiri*

3/4 de rhum blanc
1/4 de citron vert pressé
1 ou 2 cuillerées de sirop de canne

Se prépare dans le shaker avec de la glace en morceaux. Se sert dans le grand verre à cocktail. Certains barmen ajoutent aussi un trait de marasquin et une cerise. Pour une quantité supérieure à deux portions, cet excellent drink peut être préparé dans le mixer. La boisson gagne alors en saveur.

**COCKTAILS DIGESTIFS**

## *Rose Bird* AFTER DINNER

1/3 d'apricot brandy
1/3 de cognac
1/3 de crème de banane
un trait de jus d'orange

Se prépare dans le shaker avec quelques glaçons ; agitez pendant 6 à 8 secondes. Se sert dans la coupe à cocktail refroidie, en pressant un zeste d'orange en surface.

## *Rugiada Royal* AFTER DINNER

3/4 de Cointreau
1/4 de rhum Saint-James ambré
1 cuillerée de miel
quelques gouttes de citron vert pressé

Dans le verre à mélange, faites fondre le miel avec le rhum, ajoutez le jus de citron et versez dans le shaker avec quelques glaçons. Ajoutez ensuite le Cointreau et agitez pendant 6 à 8 secondes. Se sert dans la coupe à cocktail.

## *Rusty Nail* ON THE ROCKS

1/2 de Drambuie
1/2 de scotch

Se prépare directement dans le petit tumbler avec quelques glaçons. Mélangez les deux ingrédients.

## *Sabra & Coffee* AFTER DINNER

un café bouillant
2 cuillerées (ou plus) de Sabra
sucre brun (facultatif)

Se prépare directement dans le verre à vin ou dans le verre à grog, préalablement réchauffé. (Sabra : liqueur israélienne aromatisée.)

## *Sabra & Mint* AFTER DINNER

1/2 de Sabra
1/2 de liqueur de menthe verte

Se prépare dans le shaker avec quelques glaçons. Versez la liqueur israélienne, la liqueur de menthe, et agitez pendant quelques secondes. Se sert dans la coupe à cocktail.

**COCKTAILS DIGESTIFS**

## *Sacco* AFTER DINNER

4/5 de sherry Bristol dry
1/5 d'Amaretto di Saronno
deux traits de Cointreau
quelques gouttes de curaçao bleu
quelques gouttes d'Orange Bitter

Se prépare dans le verre à mélange avec quelques glaçons. Se sert dans la coupe à cocktail. (Orange Bitter : alcool à 45° tiré de l'écorce de l'orange amère de Séville.)

## *Salvionnata* ON THE ROCKS

4/5 de vodka menthe
1/5 de grappa
quatre gouttes de Fernet-Branca

Se prépare directement dans le petit tumbler avec quelques glaçons. Mettez d'abord les glaçons, puis versez les ingrédients dans l'ordre indiqué, sans mélanger.

## *Samoa* SHAKE

3/5 de rhum blanc
1/5 de lait de coco
1/5 d'Amaretto di Saronno
2 cuillerées de glace à l'ananas
1 cuillerée de glace pilée

Pour décorer : une cerise au marasquin, une rondelle de kiwi et un petit morceau d'ananas.

Se prépare dans le mixer. Se sert dans le verre à vin. Décorez avec une cerise au marasquin, une rondelle de kiwi et un petit morceau d'ananas enfilés sur une brochette en bois.

## *Sandro 1* ON THE ROCKS

1/3 de crème de banane
1/3 de cognac
1/3 de liqueur Galliano
1 cuillerée de jus d'ananas
1 cuillerée de citron pressé
1 cuillerée d'orange pressée

Se prépare dans le shaker avec des glaçons. Se sert dans le petit tumbler avec toute la glace restante. Décorez avec un morceau d'ananas, une rondelle de banane et quelques quartiers d'agrumes.

## 22.

# Derby

*50 g de gin*
*deux gouttes de peach bitter*

Pour décorer : deux pousses de menthe.

Se prépare dans le shaker avec quelques glaçons. Se sert dans le grand verre à cocktail. Décorez avec de la menthe fraîche. Si vous désirez servir ce cocktail avec des glaçons, utilisez le tumbler moyen.

## COCKTAILS DIGESTIFS

## *Sandys* SHAKE

2/5 de crème de cacao
2/5 de Cointreau
1/5 de crème liquide
1 cuillerée de glace à la noisette
1 cuillerée de glace pilée

Refroidissez le mixer ; versez tous les ingrédients et mélangez à la vitesse 2 pendant 15 secondes. Se sert dans le tumbler ou dans le verre à eau avec des chalumeaux.

## *Saratoga* ON THE ROCKS

50 g de bourbon
deux traits de marasquin
quatre gouttes d'Angostura
un trait de Schweppes

Pour décorer : une cerise et un petit morceau d'ananas.

Se prépare directement dans le tumbler moyen ou dans le petit tumbler, avec quatre ou cinq glaçons. Décorez avec une cerise et un petit morceau d'ananas (facultatif).

## *Saronno* ON THE ROCKS

40 g d'Amaretto di Saronno

Pour décorer : une spirale d'écorce de citron.

Se prépare directement dans le petit tumbler avec quatre ou cinq glaçons. Décorez avec une longue spirale de citron.

## *Savile* SHAKE

4/5 de bourbon
1/4 de crème liquide
2 cuillerées de glace au sabayon
1 cuillerée de glace pilée

Se prépare dans le mixer à la vitesse 2 pendant 15 secondes. Se sert dans le grand verre à cocktail ou dans le verre à vin.

## *Savoy* ON THE ROCKS

40 g d'amaro
un trait de menthe verte

Pour décorer : une pousse de menthe fraîche.

Se prépare dans le petit tumbler avec des glaçons. Versez les liqueurs. Mélangez et décorez avec une pousse de menthe fraîche.

## *Scarlet & Blue* ARC-EN-CIEL (ph. p. 187)

1/4 de bitter Campari
1/4 de sirop de papaye
1/4 de curaçao bleu
1/4 de cognac framboise

Dans le verre réservé à cet usage, mélangez le bitter au sirop de papaye et versez dans le verre cylindrique. Répétez la même opération avec le curaçao et le cognac ; versez goutte à goutte à l'aide de la cuiller.

## *Sciltian* AFTER DINNER (ph. p. 165)

1/3 de cognac
1/3 d'apricot brandy
1/3 de crème liquide
quelques gouttes de sirop de framboise, de liqueur Galliano, de curaçao bleu et de curaçao vert

Se prépare dans le shaker avec quelques glaçons ; versez le cognac, la liqueur d'abricot et la crème, et agitez pendant 6 à 8 secondes. Servez dans la coupe à cocktail ou dans le verre à vin en ajoutant le reste des ingrédients en surface.

## *Seamas* SORBET (ph. p. 178)

2 cuillerées de vodka banane
2 boules de glace au citron
3 cuillerées de mousseux brut

Se prépare dans le verre à eau ; mélangez et servez accompagné d'une cuiller. Décorez avec des rondelles de banane et de citron.

## *Seamus* SORBET

3 cuillerées de Cointreau
2 boules de glace au citron
3 cuillerées (ou plus) de mousseux brut

Se prépare directement dans le verre à eau. Se sert accompagné de la cuiller longue pour boisson. Décorez avec un quartier d'orange pelé.

## *Sean* SORBET

2 boules de glace à la menthe
2 cuillerées de Fernet-Branca
2 cuillerées de vodka menthe
Schweppes à volonté

Mettez, dans le verre à eau, la glace, le Fernet-Branca, la vodka menthe et le soda. Décorez avec un petit rameau de menthe fraîche. Se sert accompagné de chalumeaux et d'une cuiller longue.

## 23.

# Diki-Diki

2/3 de calvados
1/6 de punch suédois
1/6 de jus de pamplemousse

Se prépare dans le shaker avec quelques glaçons. Versez le calvados, le punch, puis le jus de pamplemousse passé. Servez dans la coupe à cocktail.

**COCKTAILS DIGESTIFS**

## *Sedley* SHAKE

3/5 de vodka citron
1/5 de liqueur Galliano
1/5 de crème liquide
1 cuillerée de glace à l'ananas
1 cuillerée de glace pilée

Se prépare dans le mixer à la vitesse 2 pendant 15 secondes. Se sert dans le verre à vin ou dans le grand verre à cocktail.

## *Selden* SHAKE

3/5 de vodka menthe
1/5 de sirop d'orgeat
1/5 de crème liquide
1 cuillerée de glace à la menthe
1 cuillerée de glace pilée

Pour décorer : une pousse de menthe fraîche.

Se prépare dans le mixer à la vitesse 2 pendant 15 secondes. Se sert dans le grand verre à cocktail ou dans le verre à vin. Décorez avec une pousse de menthe fraîche.

## *Sensation* ON THE ROCKS

2/3 de cognac
1/3 de Drambuie

Se prépare directement dans le petit tumbler avec quelques glaçons ; mélangez pendant quelques instants avec le batteur.

## *Serge* SHAKE

4/5 de vodka banane
1/5 de crème liquide
1 cuillerée de glace au citron
1 cuillerée de glace pilée
quelques gouttes de sirop de fraise

Se prépare dans le mixer à la vitesse 2 pendant 15 secondes. Se sert dans le grand verre à cocktail avec quelques gouttes de sirop de fraise en surface.

## *Seth* SORBET

*3 cuillerées de gin*
*2 boules de glace à la framboise*
*1/4 (ou plus) de Schweppes*

Pour décorer : quelques framboises.

Se prépare directement dans le verre à eau. Servez accompagné de la cuiller longue pour boisson et de chalumeaux. Décorez avec quelques framboises.

## *Shadow* AFTER DINNER

*3/6 de mandarine Napoléon*
*2/6 de Steinhäger*
*1/6 de citron vert pressé*

Se prépare dans le shaker avec quelques glaçons. Se sert dans le petit tumbler avec la glace restante. Steinhäger : alcool blanc (type de gin produit en Allemagne et qui se sert bien froid).

## *Shak* SHAKE

*3/5 de Cointreau*
*1/5 de sirop de papaye*
*1/5 de crème liquide*
*1 cuillerée de glace au citron*
*1 cuillerée de glace pilée*

Se prépare dans le mixer à la vitesse 2 pendant 15 secondes. Se sert dans le grand verre à cocktail.

## *Shandy* SHAKE (ph. p. 178)

*4/5 de vodka ananas*
*1/5 de crème liquide*
*1 cuillerée de glace au kiwi*
*1 cuillerée de glace pilée*

Pour décorer : une rondelle de kiwi et des petits morceaux d'ananas.

Se prépare dans le mixer à la vitesse 2 pendant 15 secondes environ. Se sert dans le grand verre à cocktail ou dans le verre à vin. Décorez avec une rondelle de kiwi et des petits morceaux d'ananas.

## *Shane* SORBET (ph. ci-contre)

4 cuillerées de vodka citron
2 boules de glace à la fraise
4 cuillerées (ou plus) de mousseux brut

Pour décorer : une trànche de citron ou de cédrat.

Se prépare dans le verre à eau. Décorez le bord du verre avec une petite tranche de citron ou de cédrat. Servez avec des chalumeaux et une cuiller longue pour boisson.

## *Sheila* SORBET

3 cuillerées de Grand Marnier
2 boules de glace à la framboise
4 cuillerées (ou plus) de mousseux brut

Pour décorer : une tranche d'orange.

Se prépare directement dans le verre à eau ; décorez le bord avec une tranche d'orange. Servez avec des chalumeaux et une cuiller longue.

## *Shelley* SHAKE

30 g de Tía Maria
10 g de crème de cacao
un café serré
1 cuillerée de glace aux amandes
1 cuillerée de glace pilée

Se prépare dans le mixer à la vitesse 2 pendant 15 secondes. Se sert dans le verre à vin ou dans le grand verre à cocktail.

## *Sherman* SHAKE

2/5 de Drambuie
2/5 de canadian whisky
1/5 de crème liquide
1 boule de glace à la vanille
1 cuillerée de glace pilée

Se prépare dans le mixer. Se sert dans le grand verre à cocktail.

◀ *De gauche à droite :*
*Seamas (p. 173), Shane (p. 179), Shandy (p. 177).*

# 24.

# *Duchess*

1/3 de vermouth rouge
1/3 de vermouth dry
1/3 de Pernod ou de Ricard

Se prépare dans le verre à mélange avec un peu de glace. Mélangez énergiquement. Servez dans la coupe à cocktail en retenant la glace avec la passoire à glaçons.

**COCKTAILS DIGESTIFS**

## *Shirley* SORBET

2 boules de glace à la fraise
1 boule de glace au citron
2 cuillerées de papaye drink
soda et eau de Seltz à volonté

Pour décorer : agrumes et fruits de saison.

Se prépare dans le verre à eau avec, à volonté, une décoration d'agrumes et de fruits de saison. Servez accompagné de chalumeaux et d'une cuiller longue.

## *Shylock* SORBET

2 boules de glace à l'ananas
1 boule de crème glacée
2 cuillerées de lait de coco
2 cuillerées de rhum blanc

Se prépare directement dans le verre à eau. Mélangez pendant quelques instants. Décorez avec un petit morceau d'ananas et quelques cerises au marasquin.

## *Sidney* SORBET

3 cuillerées de mandarine Napoléon
2 boules de glace à l'orange
mousseux à volonté

Se prépare dans le verre à eau. Versez la liqueur de mandarine et ajoutez la glace et le mousseux (Prosecco, Chardonnay ou Champenois). Servez avec des chalumeaux et une cuiller longue.

## *Silas* SORBET

3 cuillerées de crème de cacao
2 boules de crème glacée
1 cuillerée de liqueur de menthe

Se prépare dans la coupe à cocktail ; mélangez pendant quelques instants. Se sert avec des biscuits ou des gaufrettes.

## *Simonetta* AFTER DINNER

1/3 de cachaca
1/3 de crème de cacao brune
1/6 de crème de cacao blanche
1/6 de liqueur de menthe verte

Se prépare dans le shaker avec quelques glaçons. Se sert dans la coupe à cocktail.

**COCKTAILS DIGESTIFS**

## *Singleton* SHAKE

3/5 de vodka
1/5 de marasquin
1/5 de sirop de papaye
1 cuillerée de glace à la fraise
1 cuillerée de glace pilée

Pour décorer : fraises et menthe.

Se prépare dans le mixer. Se sert dans le verre à eau. Décorez avec des fraises et quelques feuilles de menthe fraîche.

## *Skelton* SHAKE (ph. p. 140)

4/5 de curaçao bleu
1/5 de crème liquide
1 cuillerée de glace au citron
1 cuillerée de glace pilée

Se prépare dans le mixer à la vitesse 2 pendant 15 secondes. Se sert dans le grand verre à cocktail avec une cerise au marasquin.

## *Sport & Cuba* ON THE ROCKS

1/2 de liqueur au café
1/2 de rhum brun

Pour décorer : une spirale d'écorce de citron.

Se prépare dans le petit tumbler avec quelques glaçons. Versez la liqueur au café, le rhum, et mélangez avec le batteur. Décorez avec un zeste de citron.

## *Stanley* SORBET

2 cuillerées de cognac
2 cuillerées de mandarine Napoléon
2 boules de glace au chocolat

Se prépare directement dans la coupe ; mélangez. Servez avec des biscuits ou des gaufrettes.

## *Stevens* SHAKE

3/5 de grappa
2/5 de liqueur de menthe blanche
2 cuillerées de glace à la noix de coco
1 cuillerée de glace pilée

Se prépare dans le mixer à la vitesse 2 pendant 15 secondes environ. Se sert dans le verre à eau. Décorez avec quelques feuilles de menthe et des quartiers de noix de coco (facultatif).

**COCKTAILS DIGESTIFS**

## *Stinger New F.* JULEP

2/3 de brandy
1/3 de liqueur de menthe
glace pilée ou broyée

Pour décorer : une pousse de menthe et une ou deux cerises à la menthe.

Se prépare dans le petit tumbler ou dans le verre à vin refroidi ; versez les ingrédients dans l'ordre indiqué. Se sert avec des chalumeaux.

## *Suisse* ARC-EN-CIEL

3 cuillerées de vodka citron glacée
2 cuillerées de sirop de fraise
1 cuillerée de cherry brandy

Pour décorer : un petit morceau de pomme découpé en forme de croix, que l'on disposera au centre du verre.

Après avoir disposé la décoration-symbole au centre du verre cylindrique, mélangez les ingrédients pendant 6 à 8 secondes et versez très doucement de façon que le morceau de pomme reste bien au centre.

## *Turkish Flag 2* ARC-EN-CIEL

2 cuillerées de Cointreau
1 cuillerée de sirop de fraise
2 cuillerées de sirop de framboise
1 cuillerée de marasquin

Pour décorer : une étoile et une demi-lune, découpées dans une pomme ou une poire.

Dans le verre réservé à cet usage, mélangez le Cointreau et le sirop de fraise, et versez dans le verre cylindrique. Disposez la décoration au centre, puis répétez l'opération avec la framboise et le marasquin, goutte à goutte, en vous aidant de la petite cuiller.

## *Udall* AFTER DINNER

3/5 de vodka citron
1/5 de triple sec
1/5 de Parfait Amour

Se prépare dans le verre à mélange avec des glaçons. Se sert dans la coupe à cocktail en pressant un zeste de citron en surface.

## *Ulrick* ARC-EN-CIEL

1 cuillerée de cherry brandy
1 cuillerée de sirop de fraise
1 cuillerée de liqueur de menthe verte
1 cuillerée de curaçao bleu
1 cuillerée de Chartreuse jaune

Dans le verre réservé à cet usage, mélangez les deux premiers ingrédients et versez dans le verre cylindrique ; en vous aidant de la petite cuiller, ajoutez ensuite les autres ingrédients, goutte à goutte, dans l'ordre indiqué.

## *Ungheria* ARC-EN-CIEL

1/6 d'Izarra verte
1/6 de sirop de kiwi
2/6 de liqueur de menthe blanche
2/6 de vodka Chaskaya rouge

Dans le verre réservé à cet usage, mélangez bien les deux premiers ingrédients et versez-les dans le verre cylindrique. Ajoutez la menthe, goutte à goutte, puis la vodka rouge.

## *Unimint Julep* JULEP

2/3 de liqueur de menthe verte
1/3 d'Unicum
2 cuillerées de glace pilée ou broyée

Pour décorer : une pousse de menthe.

Se prépare directement dans le verre à vin ou dans le petit tumbler. Se sert avec des chalumeaux.

## *Union* ON THE ROCKS

3/5 de vodka clémentine
2/5 de mirabelle
un trait de sirop de kiwi

Pour décorer : une rondelle de kiwi.

Se prépare dans le petit tumbler avec quelques glaçons ; versez les deux premiers ingrédients et mélangez quelques instants. Ajoutez ensuite le sirop et une rondelle de kiwi, sans mélanger.

## *Vatican* ARC-EN-CIEL (ph. p. 187)

2 cuillerées de liqueur Galliano
2 cuillerées de vodka

Dans le verre cylindrique, versez la liqueur Galliano, puis, goutte à goutte, ajoutez l'alcool blanc. Vous obtenez ainsi le drapeau du Vatican.

**COCKTAILS DIGESTIFS**

## *Vecio Gondoliere* AFTER DINNER

3/4 de grappa
1/4 de liqueur de menthe
un trait de curaçao bleu
un trait de Cointreau

Se prépare dans le verre à mélange avec quelques glaçons. Se sert dans la coupe à cocktail.

## *Venezuela* ARC-EN-CIEL

1/6 de marasquin
1/6 de grenadine
2/6 de curaçao bleu
2/6 de Chartreuse jaune

Dans le verre réservé à cet usage, mélangez les deux premiers ingrédients, puis versez dans le verre cylindrique. A l'aide de la cuiller, ajoutez ensuite le curaçao et, en dernier, la Chartreuse.

## *Vip Girl* ON THE ROCKS

3/5 de Tía Maria
2/5 de rye whiskey
1 cuillerée d'advocaat

Se prépare dans le shaker avec quelques glaçons. Se sert dans le petit tumbler avec toute la glace restante.

## *Virgil* AFTER DINNER

3/5 d'advocaat
2/5 de Sherry Cream (xérès)
un trait d'anisette

Se prépare dans le shaker avec quatre ou cinq glaçons ; agitez pendant quelques secondes. Se sert dans la coupe à cocktail.

## *Vogue Club* ON THE ROCKS

3/5 de canadian whisky
2/5 de liqueur de menthe blanche
1 cuillerée de sirop de rose

Pour décorer : un pétale de rose.

Dans le shaker, mettez quelques glaçons ; versez le whisky et la menthe et agitez pendant 6 à 8 secondes. Versez ensuite (glace comprise) dans le petit tumbler et ajoutez le sirop.

*De gauche à droite :*
*Scarlet & Blue (p. 173), Marianna (p. 152), Vatican (p. 185).*

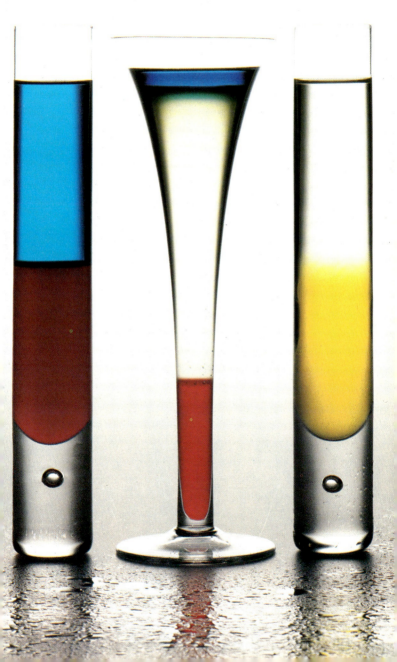

# *East-India*

3/4 de cognac
1/8 de curaçao
1/8 de jus d'orange

Pour décorer : une cerise au marasquin.

Se prépare dans le shaker avec de la glace et le jus d'orange passé. Servez dans le grand verre à cocktail. Décorez avec une cerise au marasquin.

**COCKTAILS DIGESTIFS**

## *Wendy* FRAPPÉ

*40 g d'anisette*
*1 cuillerée de curaçao vert*
*1 cuillerée de glace pilée*

Pour décorer : une cerise rouge.

Se prépare dans la coupe à cocktail avec de la glace pilée ; versez les deux ingrédients, mélangez pendant un instant, et servez avec de petits chalumeaux et une cerise rouge.

## *Whiskey & Cacao* AFTER DINNER

*1/2 de crème de cacao*
*1/2 de bourbon*
*une pincée de cacao amer*

Dans le shaker, agitez pendant quelques instants le chocolat et l'alcool, puis versez dans la coupe à cocktail. Saupoudrez de cacao avant de servir.

## *Whisky Dark* AFTER DINNER

*40 g de scotch*
*2 cuillerées de miel*
*un café bouillant*

Se prépare dans le verre à vin préalablement réchauffé (à la vapeur ou à l'eau bouillante). Servez après avoir mélangé pendant quelques instants.

## *White & Violet* ARC-EN-CIEL

*1/2 de Parfait Amour*
*1/2 d'eau-de-vie de framboise glacée*

Se prépare directement dans le verre cylindrique ; versez le Parfait Amour, puis, à l'aide de la cuiller, ajoutez l'alcool blanc.

## White Mary FRAPPÉ

3/4 de Cointreau
1/4 de mandarine Napoléon
2 cuillerées de glace pilée

Se prépare directement dans la coupe à cocktail. Se sert avec deux petits chalumeaux.

## White Ramp AFTER DINNER

1/3 de marasquin
1/3 de poire williams
1/3 de crème liquide

Se prépare dans le shaker avec quelques glaçons. Agitez pendant 6 à 8 secondes. Servez dans le grand verre à cocktail.

## White Spider ON THE ROCKS

1/2 de vodka
1/2 de liqueur de menthe blanche

Pour décorer : une pousse de menthe.

Se prépare dans le shaker avec quelques glaçons. Se sert (glace comprise) dans le petit tumbler avec une pousse de menthe.

## Wilfred AFTER DINNER

4/5 d'advocaat
1/5 de porto blanc

Se prépare dans le shaker avec quelques glaçons. Se sert dans la coupe à cocktail.

**COCKTAILS DIGESTIFS**

## *Winnie* AFTER DINNER

2/3 de kirsch
1/3 de Lime Monin's
1 cuillerée de sirop de papaye

Se prépare dans le shaker avec quelques glaçons. Se sert dans la coupe à cocktail. (Lime Monin's : liqueur à base de citron vert.)

## *Wojtila 2* ON THE ROCKS

3/4 de vodka Wyborova
1/4 de Bénédictine

Se prépare dans le shaker avec quelques glaçons. Se sert dans le petit tumbler avec toute la glace restante.

# Fancies

Sans alcool •
Cocktails champagne •
Crustas • Cups • Eggnogs •
Flips • Exotics • Fixes •
Fizzes • Sours • Grogs • Juleps •
Sangarees • Sangrias •
Sparklings • Zombies • Cobblers •
Toddies • Frozen

**FANCIES**

## *Adlai* FANCY

3/6 de vermouth blanc
1/6 de Suze
2/6 de mousseux brut

Pour décorer : un morceau de carotte taillé en bâtons.

Se prépare dans le petit tumbler avec des glaçons. Versez les ingrédients dans l'ordre indiqué.

## *Adonais* FANCY

2/6 de vermouth rosé
1/6 d'eau-de-vie de framboise
1/6 de jus d'orange
2/6 de champagne

Pour décorer : un morceau de céleri.

Se prépare directement dans le petit tumbler avec des glaçons.

## *Aileen* FANCY

3/6 de Martini rosé
1/6 de porto blanc
1/6 de Suze
1/6 de mousseux brut

Pour décorer : un radis.

Se prépare dans le petit tumbler avec quelques glaçons.

## *Alastair* FANCY

1/6 d'amaro
2/6 de bitter Campari
1/6 de vermouth dry
2/6 de mousseux brut

Pour décorer : une pousse de cerfeuil.

Se prépare, avec quelques glaçons, dans le petit tumbler ou le tumbler moyen.

*De gauche à droite :* ▶
*Baby (p. 25), Edna (p. 227), Aromatic Wine (p. 206).*

**FANCIES**

## *Alastor* FANCY

2/6 de vermouth dry
1/6 de vodka pêche
1/6 de Dubonnet
2/6 de champagne

Pour décorer : une ou deux feuilles de chicorée rouge.

Se prépare directement dans le tumbler moyen avec des glaçons.

## *Aldhelm* FANCY

3/6 de vermouth rouge
1/6 de bitter Campari
1/6 de poire williams
1/6 de mousseux brut

Pour décorer : deux rondelles de concombre.

Se prépare dans le petit tumbler avec trois ou quatre glaçons que l'on met avant de verser les ingrédients.

## *Alfred* FANCY

3/6 de gin
1/6 de Martini dry
1/6 de Martini rosé
1/6 de mousseux brut

Pour décorer : un petit morceau de céleri.

Se prépare dans le tumbler moyen avec des glaçons. Vous pouvez, si vous le désirez, ajouter une pincée de sel et de poivre sur le céleri.

## *Alfrie* FANCY

1/3 de vermouth dry
1/6 de vodka
1/6 de crème de cassis
1/3 de mousseux brut

Pour décorer : une lamelle de poivron frais.

Se prépare directement dans le petit tumbler avec des glaçons. (Les légumes qui servent à la décoration doivent être soigneusement lavés et essuyés.)

## *Alicia* SANS ALCOOL

un verre de lait froid (150 g)
1 cuillerée de grenadine
1 cuillerée de crème de coco

Se prépare dans le grand tumbler.
Versez les deux sirops, ajoutez le lait,
puis mélangez. Servez avec des
chalumeaux. Quelques glaçons sont
facultatifs.

## *Aligi Sassu* SPARKLING

3/4 de flûte de mousseux brut
1 cuillerée de curaçao bleu
1 cuillerée de jus de maracujà
1 cuillerée d'orange pressée
1 cuillerée de sirop de fraise
quelques gouttes de sirop de rose

Se prépare directement dans la flûte.
Après avoir versé le mousseux (très
frais), ajoutez les deux jus de fruit et
le curaçao, puis la fraise et le sirop
de rose (mélangés au préalable dans
le verre réservé à cet usage). Servez
sans remuer.

## *Alleluia* FIZZ

3/5 de cachaca
2/5 de marasquin
un citron vert pressé
1 cuillerée de blanc d'œuf
Schweppes

Pour décorer : une tranche de citron
vert et une cerise rouge.

Se prépare dans le shaker avec
quelques glaçons ; versez l'alcool
brésilien, le marasquin, le citron vert
et le blanc d'œuf ; agitez pendant 6 à
8 secondes et versez dans le tumbler
moyen ou dans le verre à vin. Ajoutez
du Schweppes à volonté. Décorez
avec une tranche de citron vert et
une cerise rouge.

## *Amabel* FANCY

1/3 de bitter Campari
1/6 de Martini rouge
1/6 d'amaro
1/3 de mousseux brut

Pour décorer : deux olives au piment.

Se prépare dans le petit tumbler avec
quelques glaçons. Décorez avec deux
olives au piment enfilées sur des
brochettes en bois.

# 26.

# Gibson

*5/6 de gin*
*1/6 de vermouth dry*

Pour décorer : un petit oignon doux.

Se prépare dans le verre à mélange avec des glaçons. Se sert dans la coupe à cocktail. Décorez avec un petit oignon doux. (Facultatif : pressez un zeste de citron en surface.)

**FANCIES**

## *Amy* FANCY

1/3 d'amaro
1/3 de bitter Campari
1/3 de mousseux brut

Pour décorer : un radis et une rondelle de concombre.

Se prépare dans le tumbler (petit ou moyen) avec des glaçons.

## *Ananas 1* EXOTIC (ph. p. 282)

4 cuillerées de rhum blanc
2 cuillerées de liqueur Galliano
6 cuillerées d'ananas pressé
Schweppes

Pour décorer : une orchidée (facultatif).

Coupez la calotte d'un gros ananas et ôtez la pulpe (que vous passerez à la centrifugeuse ou au tamis). Versez le jus dans l'ananas évidé. Ajoutez le rhum, le Galliano, du Schweppes à volonté et quelques glaçons.

*Voir photos page 202 (préparation type pour tous les cocktails à base d'ananas).*

## *Ananas 3* EXOTIC

2/6 de rhum blanc
1/6 de Cointreau
1/6 de crème de banane
2/6 d'ananas pressé
soda à volonté

Pour décorer : une rondelle de banane, un morceau d'ananas et une cerise au marasquin.

Après avoir coupé la calotte de l'ananas et l'avoir vidé de sa pulpe (qui devra être passée à la centrifugeuse), versez tous les ingrédients dans le fruit. Décorez avec une rondelle de banane, un petit morceau d'ananas et une cerise au marasquin enfilés sur une brochette. Pratiquez deux trous dans la calotte pour y introduire les chalumeaux.

## *Ananas 4* EXOTIC

3/4 de champagne très frais
1/4 d'ananas pressé
deux traits de crème de cassis
2 glaçons

Avec le couteau à fruits, coupez la calotte de l'ananas et videz-le de sa pulpe. Recueillez le jus et versez-le, en même temps que les autres ingrédients, dans le fruit évidé. Pratiquez deux trous dans la calotte pour y introduire les chalumeaux.

**FANCIES**

## *Angers*  CHAMPAGNE COCKTAIL

*9/10 de champagne brut*
*1/10 de Cointreau*

Pour décorer : une tranche d'orange et une cerise au marasquin.

Se prépare directement dans la coupe bien froide. Décorez avec une tranche d'orange et une cerise au marasquin.

## *Anguria 1 (Pastèque)*  EXOTIC

*une bouteille de vin blanc sec*
*une coupe d'apricot brandy*
*4 cuillerées de sirop de framboise*
*deux petites bouteilles de limonade*

Pour décorer : abricots et fraises.

Coupez la calotte de la pastèque, videz-la de sa pulpe et versez-y les quatre ingrédients en mélangeant bien avec le batteur. Servez dans des verres à vin décorés de fruits frais (dont la pulpe de la pastèque préalablement coupée en petits dés tenus au frais).

## *Anguria 2*  EXOTIC

*une bouteille de champenois brut*
*une coupe de Cointreau*
*4 cuillerées de sirop de kiwi*

Pour décorer : tranches d'orange et de kiwi.

Coupez la calotte de la pastèque, videz-la de sa pulpe et versez-y tous les ingrédients. Servez dans des verres à vin ou dans des flûtes bien refroidis.

## *Anguria 3*  EXOTIC

*une bouteille d'asti*
*quatre tangérines pressées*
*une coupe de vodka clémentine*

Après avoir coupé la calotte et vidé la pastèque, versez-y tous les ingrédients. Servez dans des verres à vin ou dans des flûtes bien refroidis.

**FANCIES**

# *Ananas*
### EXOTIC

1. Après avoir coupé la calotte du fruit, videz-le de sa pulpe (que vous passerez au mixer). Tenez-le au congélateur au moins 15 minutes pour le raffermir, puis versez-y le jus (60 g).
2. Ajoutez le rhum Saint-James (40 g) et la liqueur Galliano (20 g).
3. Versez ensuite du tonic à volonté et mélangez pendant quelques instants.
4. Décorez la calotte du fruit en enfilant l'orchidée et le chalumeau dans les trous préalablement pratiqués.

**FANCIES**

## *Leonardo*
SPARKLING

1. Après avoir mixé huit à dix fraises avec une demi-flûte de champagne, versez le jus obtenu dans une carafe et ajoutez deux cuillerées de sirop de fraise. Remplissez une flûte aux deux tiers avec du champagne très frais.
2. Ajoutez une cuillerée de cognac framboise.
3. Mélangez la boisson aux fraises et, à l'aide de la cuiller, versez délicatement de façon que le liquide ne déborde pas.
4. Mélangez très doucement pendant quelques instants.

**FANCIES**

## *Angus* FIZZ

3/4 de gin
1/8 de Chartreuse jaune
1/8 de sirop de sucre
un demi-citron pressé
un trait de sirop de framboise
un trait de soda
1 cuillerée de blanc d'œuf

Se prépare dans le shaker avec des glaçons. Se sert dans le verre à vin avec un petit trait de soda.

## *Anita* SPARKLING

100 g de mousseux frais
2 cuillerées de mandarine pressée
1 cuillerée de mandarine Napoléon

Pour décorer : une rondelle d'orange.

Se prépare directement dans la coupe ou dans le verre à vin. Décorez avec une rondelle d'orange.

## *Antille Sparkling* SANS ALCOOL

4 cuillerées de papaye mixée
4 cuillerées de jus d'orange
1 cuillerée de miel
une goutte d'essence d'anis
la moitié d'une petite bouteille de soda

Pour décorer : tranches d'orange et de fruits exotiques.

Se prépare directement dans le grand tumbler avec des glaçons. Décorez avec de petites tranches d'orange et de fruits exotiques. Servez avec des chalumeaux.

## *Arancia* EXOTIC

3/5 de Cointreau
1/5 de gin
1/5 de jus d'orange
un chalumeau (piqué dans la calotte de l'agrume)

Coupez la calotte de l'orange ; éliminez la pulpe, puis tenez-la au freezer pendant au moins 15 minutes. Agitez ensuite les trois ingrédients dans le shaker avec des glaçons, et versez dans le fruit. Se sert sur la grande coupe avec de la glace pilée.

◀ De gauche à droite :
Auriga (p. 206), Hiram (p. 239), Cedric (p. 215).

**FANCIES**

## *Arden* FROZEN

2/3 de rhum Saint-James
1/6 de sirop de papaye
1/6 de citron pressé
2 cuillerées de glace pilée
1 cuillerée de blanc d'œuf

Se prépare dans le mixer. Se sert dans le verre à vin ou dans la coupe à champagne.

## *Aromatic Wine* SANGAREE (ph. p. 195)

une bouteille de Saumur
30 g de gingembre

Mettez le gingembre dans une bouteille foncée remplie de vin et bouchez convenablement. Agitez, puis mettez au frais pendant 6 jours. Avant de servir, filtrez le vin et, au dernier moment, pressez une écorce d'orange en surface.

## *Arpion* FANCY

80 g de jus de tomate
40 g de vodka
2 cuillerées de jus de citron
quelques gouttes de tabasco
sel de céleri

Versez tous les ingrédients dans le grand tumbler ; mélangez avec la cuiller à long manche et ajoutez des glaçons. Décorez avec quelques morceaux de céleri.

## *Auriga* COBBLER (ph. p. 204)

3/5 de vodka (bien glacée)
2/5 de cherry brandy
3 cuillerées de glace pilée

Se prépare dans le verre à vin ; versez l'alcool et la liqueur ; mélangez un instant et ajoutez la glace pilée. Décorez avec des quartiers de fruits et servez avec des chalumeaux.

## *Barby* SOUR (ph. p. 195)

3/4 de rhum blanc
1/4 de citron vert pressé
quelques gouttes de sirop de fraise
1 cuillerée de sirop de sucre

Se prépare dans le shaker avec des glaçons. Se sert dans le verre à vin ; décorez avec une tranche de citron vert et une cerise au marasquin.

**FANCIES**

## *Batida De Abaci* FROZEN

3/4 de rhum (glacé)
1/4 de jus d'ananas
1 cuillerée de sirop de sucre
2 cuillerées de glace pilée

Se prépare dans le mixer, à la vitesse 2 pendant 15 secondes. Se sert dans la flûte ou dans le verre à vin.

## *Batida De Fresas* FROZEN

40 g de rhum ambré (glacé)
2 cuillerées de fraise mixée
2 cuillerées de sirop de fraise
2 cuillerées de glace pilée

Pour décorer : une fraise.

Se prépare dans le mixer et se sert dans la flûte ou dans le verre à vin. Décorez avec une fraise posée à cheval sur le bord du verre.

## *Batida De Kiwi* FROZEN (ph. p. 213)

40 g de rhum blanc
2 cuillerées de kiwi mixé
2 cuillerées de sucre
2 cuillerées de glace pilée

Se prépare dans le mixer à la vitesse 2 pendant 15 secondes. Décorez le bord du verre à vin avec une tranche de kiwi (facultatif).

## *Batida De Limao* FROZEN

4/5 de cachaca (très froid)
1/5 de citron vert pressé
deux traits de marasquin
2 cuillerées de sucre
2 cuillerées de glace pilée

Pour décorer : une tranche de citron vert.

Se prépare dans le mixer avec de la glace pilée. Se sert, avec des chalumeaux, dans le verre à vin préalablement refroidi. Décorez avec une tranche de citron vert posée sur le bord du verre.

## *Batida De Mango* FROZEN

40 g de cachaca (glacé)
2 cuillerées de mangue mixée
2 cuillerées de sucre
2 cuillerées de glace pilée

Se prépare dans le mixer et se sert dans la flûte refroidie ou dans le verre à vin. Si vous ne trouvez pas de mangue fraîche, utilisez une cuillerée de sirop de mangue.

## 27.

# Gin And It

1/2 de gin
1/2 de vermouth rouge

Pour décorer : une cerise au marasquin.

Se prépare directement dans le verre à vin avec le gin et le vermouth bien frais. Peut aussi être préparé dans le petit tumbler avec une cerise au marasquin.

## Batida De Maracujà FROZEN

3/4 de rhum blanc (glacé)
1/4 de jus de maracujà
2 cuillerées de sucre
2 cuillerées de glace pilée

Se prépare dans le mixer. Se sert dans le verre à vin avec des chalumeaux. Décorez avec un quartier de maracujà sur le bord du verre (facultatif).

## Batida De Pesca FROZEN

40 g de cachaca
2 cuillerées de pêche mixée
2 cuillerées de sucre

Se prépare dans le mixer à la vitesse 2 pendant 15 secondes. Se sert dans le verre à vin avec des chalumeaux. La décoration, avec un morceau du même fruit, est facultative.

## Beef-Tea FANCY

5/6 de consommé maigre et bouillant
1/6 de vin blanc sec
un trait de cognac
un trait de Worcester Sauce
deux gouttes de tabasco
une pincée de sel de céleri
jus de citron à volonté

Se sert directement dans le verre à grog ou dans une tasse à consommé (préalablement réchauffée). Versez dans l'ordre indiqué. Décorez avec une petite branche de céleri.

## Beef-Tea 2 FANCY

5/6 de bouillon de bœuf froid
1/6 de sherry dry
10 g de vodka
1 cuillerée de citron pressé
cinq gouttes de tabasco

Se prépare dans le shaker avec quelques glaçons. Se sert dans le petit tumbler avec la glace restante.

## Bellini SPARKLING

2/3 de mousseux frais
1/3 de jus de pêche fraîche

Dans la flûte (ou le verre à vin) refroidie, versez d'abord le mousseux, puis le jus de pêche blanche. Mélangez délicatement.

**FANCIES**

## *Berlin* SOUR

3/4 de canadian whisky
1/4 de cherry brandy
un demi-citron vert pressé
1 cuillerée de blanc d'œuf

Se prépare dans le shaker avec des glaçons. Se sert dans le grand verre à cocktail ou dans le verre à vin.

## *Bevis* CRUSTA

3/4 de cognac
1/8 de marasquin
1/8 de liqueur d'ananas
un demi-citron vert pressé
sucre
deux traits d'eau de Seltz ou de soda

Dans le shaker, mélangez les quatre premiers ingrédients. Versez ensuite dans le verre à eau, préalablement givré de sucre, en humectant le bord avec un quartier de citron vert, puis en le passant dans le sucre. Ajoutez une spirale d'écorce de citron vert et enfin le soda.

## *Boadicea* CRUSTA

3/6 de vodka
2/6 de Cointreau
1/6 de marasquin
une orange pressée
deux traits de soda (facultatif)

Agitez les quatre ingrédients dans le shaker avec des glaçons. Versez ensuite dans le verre à eau préalablement givré. Décorez avec une spirale d'écorce d'orange.

## *Boris* SPARKLING

2 cuillerées de vodka glacée
deux traits de crème de cassis
3/4 de flûte de mousseux brut

Versez les ingrédients dans l'ordre indiqué. Mousseux et coupe doivent être bien frais.

## *Bourbon Toddy*

40 g de bourbon
1 cuillerée de miel
1 cuillerée de citron pressé
un trait d'Angostura
2 cuillerées d'eau

Pour décorer : une spirale d'écorce de citron et un petit bâton de cannelle.

Dans le petit tumbler, faites fondre le miel dans l'eau, ajoutez le jus de citron, l'Angostura et des morceaux de glace. Mélangez et décorez avec une spirale d'écorce de citron. Si vous préférez cette boisson chaude, servez-la dans le verre à grog, sans glace et avec un bâton de cannelle.

**FANCIES**

## *Brandy Cup* COCKTAIL CHAMPAGNE

3/4 de flûte de champagne brut
10 g de cognac ou de brandy
quelques gouttes de Cointreau
quelques gouttes d'Angostura

Dans la flûte, préalablement refroidie, versez l'Angostura, le cognac et le Cointreau. Ajoutez le champagne et décorez avec une demi-tranche d'orange et une cerise au marasquin.

## *Brandy Sour* SOUR

50 g de cognac
un demi-citron pressé
2 cuillerées de sirop de sucre

Pour décorer : une cerise au marasquin (facultatif).

Se prépare dans le shaker avec des glaçons. Se sert dans le grand verre à cocktail ou dans le verre à vin.
*Whisky Sour* : remplacez le cognac par du scotch.

## *Brenda* COCKTAIL CHAMPAGNE

2 cuillerées de cognac
une mandarine pressée
1 cuillerée de crème de cassis
champagne brut très froid

Pour décorer : une cerise rouge et une tranche de mandarine.

Se prépare dans la coupe à champagne. Versez le cognac, le cassis, le jus de mandarine, puis ajoutez le champagne. Décorez avec une tranche de mandarine ou de clémentine et une cerise rouge.

## *Brian* FLIP

un jaune d'œuf
1/2 de Tía Maria
un demi-café expresso sucré

Se prépare dans le shaker avec des glaçons broyés. Agitez pendant une dizaine de secondes. Se sert dans le verre à vin avec une pincée de noix muscade en surface.

## *Buck's Fizz* CUP

2/3 de champagne très froid
1/3 d'orange pressée

Dans la coupe (ou dans la flûte) refroidie, versez le jus d'orange, puis ajoutez le champagne.

*De gauche à droite : Chloris (p. 218), Eirene (p. 227), Batida De Kiwi (p. 207).*

**FANCIES**

## *Bullshot*  FANCY (ph. p. 276)

4/5 de bouillon de bœuf
1/5 de vodka
un demi-citron pressé
deux traits de Worcester Sauce
une pincée de sel de céleri
une pincée de poivre blanc

Se prépare dans le shaker avec des glaçons, ou bien directement dans le petit tumbler, toujours avec deux ou trois glaçons.

## *Caedmon*  COCKTAIL CHAMPAGNE (ph. p. 220)

1 cuillerée de mandarine Napoléon
1 cuillerée de Grand Marnier
3/4 de flûte de champagne froid

Pour décorer : une petite mandarine chinoise.

Se prépare directement dans la flûte très froide. Décorez avec une petite mandarine chinoise.

## *Caipirinha*  FANCY

50 g de cachaca
un citron vert (coupé en petits morceaux)
2 cuillerées de sucre de canne
2 ou 3 morceaux de glace

Se prépare dans le petit tumbler, en pressant bien, pendant quelques secondes, le citron vert et le sucre avec le smuggler (ou cuiller-pilon). Ajoutez ensuite la glace, l'alcool de canne à sucre, et mélangez pendant quelques instants.

## *Caipirinha New F.*  FANCY (ph. p. 276)

4/5 de cachaca
1/5 de marasquin
un demi-citron pressé
1 cuillerée de vanille

Pour décorer : tranches de citron ou de citron vert.

Se prépare dans le shaker avec quelques glaçons. Se sert dans le tumbler moyen. Décorez avec des tranches de citron vert dont vous presserez légèrement l'écorce en surface.

**FANCIES**

## *Caleb* CUP POUR 8 PERSONNES

*une bouteille de mousseux brut*
*8 cuillerées de curaçao vert*
*8 cuillerées de Suze*

Se prépare dans une carafe avec une orange coupée en tranches. Au moment de servir (dans la coupe à champagne), ajoutez quelques glaçons.

## *Cary* SPARKLING

*1 cuillerée d'apricot brandy*
*1 cuillerée de vodka banane*
*champenois brut très frais*

Pour décorer : rondelles de banane et cerise au marasquin.

Se prépare directement dans la coupe à champagne. Décorez avec des rondelles de banane et une cerise au marasquin.

## *Cedric* SPARKLING (ph. p. 204)

*1 cuillerée de crème de cassis*
*1 cuillerée de kirsch*
*3/4 de flûte de mousseux*
*1 glaçon (facultatif)*

Pour décorer : une cerise et deux feuilles de menthe.

Dans la coupe à champagne froide, versez les ingrédients dans l'ordre indiqué. Décorez avec une cerise posée à cheval sur le bord du verre et deux petites feuilles de menthe.

## *Celia* CUP POUR 8 PERSONNES

*une bouteille de mousseux demi-sec*
*deux tranches d'ananas, de pomme*
*et de poire, une banane et deux*
*kiwis coupés en rondelles*

Se prépare dans la grande coupe (ou punch bowl) ou dans une carafe de grande contenance. Se sert dans les coupes. Cette boisson est conseillée pour accompagner les desserts.

## 28.

# Grand Slam

*1/2 de punch suédois*
*1/4 de vermouth rouge*
*1/4 de vermouth dry*

Se prépare dans le shaker avec des glaçons. Se sert dans la coupe à cocktail.

*FANCIES*

## *Champagne Angers* COCKTAIL CHAMPAGNE

3/4 de flûte de champagne
2 cuillerées de Cointreau
un trait d'Angostura

Pour décorer : un quartier d'orange et une cerise.

Se prépare directement dans la coupe à champagne bien froide avec du champagne glacé. Décorez avec un quartier d'orange et une cerise.

## *Champagne Cocktail* (ph. p. 220)

10 g de cognac
10 g de Grand Marnier
3/4 de coupe de champagne brut
un morceau de sucre
un trait d'Angostura

Pour décorer : une tranche d'orange.

Mettez la tranche d'orange dans la coupe à champagne (préalablement refroidie) et ajoutez le morceau de sucre imbibé d'Angostura. Versez la liqueur et l'alcool, puis ajoutez le champagne. Aux alentours de 1900, le champagne cocktail se servait sans Grand Marnier et avec un trait de cognac facultatif. Décorez avec une tranche d'orange.

## *Cherry Cobbler*

50 g de cherry brandy
2 cuillerées de glace pilée
eau ou soda (facultatif)

Pour décorer : quartiers de pomme, d'orange, de kiwi, et une cerise au marasquin.

Se prépare directement dans le grand verre à cocktail (ou dans le verre à vin) préalablement refroidi. Décorez avec des quartiers de pomme, d'orange, de kiwi, et une cerise au marasquin. Servez avec des chalumeaux.

## *Chloris* SPARKLING (ph. p. 213)

3/4 de coupe (ou flûte) de mousseux brut
2 cuillerées de jus d'ananas frais
1 cuillerée de vodka banane

Versez le mousseux (très frais) dans la flûte bien froide. Ajoutez la liqueur, le jus d'ananas, et mélangez délicatement.

**FANCIES**

## *Christabel* COCKTAIL CHAMPAGNE

3/4 de flûte de champagne brut
froid
deux traits de mandarine Napoléon
1 cuillerée d'armagnac

Pour décorer : un quartier d'orange et
une cerise au marasquin.

Se prépare dans la flûte bien froide.
Décorez avec un quartier d'orange et
une cerise au marasquin.

## *Christmas Cup* CUP POUR 8 PERSONNES

une bouteille de mousseux brut
8 cuillerées de vodka
8 cuillerées de liqueur de pêche

Pour décorer : deux kiwis, une banane
et huit cerises au marasquin.

Se prépare dans la grande coupe (ou
punch bowl) ou dans une grande
carafe. Versez les trois ingrédients.
Décorez avec deux kiwis, une banane
coupée en rondelles et huit cerises
au marasquin. Servez dans la coupe
ou dans la flûte froide.

## *Ciao-Ciao* SANS ALCOOL (ph. p. 228)

2 cuillerées de grenadine
2 cuillerées de sirop de fraise
un citron pressé
une demi-bouteille de soda

Pour décorer : une tranche de citron
et quelques fraises.

Se prépare dans le grand tumbler (ou
verre à orangeade). Versez tous les
ingrédients et mélangez. Décorez
avec une tranche de citron et
quelques fraises. Servez avec des
chalumeaux.

## *Clarence* COCKTAIL CHAMPAGNE

3/4 de coupe de champagne brut
deux cuillerées d'eau-de-vie de
framboise
deux traits de sirop de framboise

Se prépare directement dans la
coupe. Versez les ingrédients dans
l'ordre indiqué. Décorez avec deux
framboises sur une brochette.

**FANCIES**

## *Clarissa Club* COCKTAIL CHAMPAGNE

2/3 de verre à vin de champagne brut
1/2 d'orange pressée
1 cuillerée de mirabelle

Pour décorer : une tranche d'orange.

Versez tous les ingrédients dans l'ordre indiqué. Décorez avec une tranche d'orange.

## *Clifton* COBBLER

3/5 de Cherry Heering
2/5 d'eau-de-vie de framboise
deux traits de crème de cassis
un peu d'eau ou de soda (facultatif)
3 cuillerées de glace pilée

Pour décorer : quartiers de pomme, d'orange, de kiwi, et une cerise au marasquin.

Mettez deux cuillerées de glace dans le verre à vin (bien refroidi). Versez les trois ingrédients (préalablement refroidis dans le shaker), ajoutez la glace restante, et décorez avec des quartiers de pomme, d'orange, de kiwi, et une cerise au marasquin. Servez avec des chalumeaux.

## *Clive* COCKTAIL CHAMPAGNE

3/4 de coupe de champagne brut
1 cuillerée de marasquin
1 cuillerée d'eau-de-vie de framboise
quelques gouttes d'Angostura

Pour décorer : un quartier d'orange et une cerise au marasquin.

Se prépare directement dans la coupe à champagne. Versez les ingrédients dans l'ordre indiqué. Décorez avec un quartier d'orange et une cerise au marasquin.

## *Cocco 1* EXOTIC

3/5 de curaçao bleu
2/5 de sirop d'orgeat
tonic à volonté
1 ou 2 glaçons
deux chalumeaux (glissés dans deux trous pratiqués dans la calotte de la noix)

Pour décorer : une pousse de menthe.

Après avoir découpé la calotte de la noix de coco avec une petite scie, videz-la de son jus. Versez-y ensuite les ingrédients, et servez la noix dans une grande coupe, en la maintenant bien droite au centre à l'aide de glace pilée disposée tout autour. Décorez avec une pousse de menthe.

◀ *De gauche à droite : Champagne Cocktail (p. 218), Caedmon (p. 214), Eamon (p. 226).*

**FANCIES**

## *Cocco 2* EXOTIC

*3/5 de cachaca*
*2/5 de maracujà*
*un trait de crème de coco*
*deux chalumeaux enfilés dans la calotte de la noix*
*1 ou 2 glaçons*

Après avoir coupé la calotte de la noix de coco et l'avoir vidée de son liquide, versez-y les ingrédients. Servez dans la grande coupe avec de la glace pilée. Les trous, dans la calotte de la noix de coco, se pratiquent avec une percerette manuelle.

## *Colleen* CRUSTA

*2/5 de Dubonnet*
*2/5 de vodka*
*1/5 de vermouth blanc*
*un demi-citron pressé*
*1 cuillerée de sucre*

Pour décorer : une spirale d'écorce de citron et d'orange.

Humidifiez le bord du verre à vin avec un quartier de citron et passez-le légèrement dans le sucre. Mélangez les quatre ingrédients dans le shaker et, pour décorer, servez avec une longue spirale d'écorce de citron et d'orange.

## *Colleen* EXOTIC

*un ananas*
*3/6 de rhum blanc*
*2/6 d'ananas pressé*
*1/6 de sirop d'orgeat*
*un trait de grenadine*
*3 cuillerées de glace pilée*

Coupez la calotte de l'ananas et pratiquez-y deux trous pour enfiler les chalumeaux. Ôtez la pulpe que vous passerez au mixer pour en extraire le jus. Versez les ingrédients dans l'ananas et servez-le dans la grande coupe, entouré de glace pilée afin de le maintenir droit.

## *Comus* SOUR

*4/5 de gin*
*1/5 de Dubonnet*
*un demi-citron pressé*
*deux traits de liqueur de vanille*

Se prépare dans le shaker avec des glaçons. Se sert dans le verre à vin en pressant un zeste de citron en surface.

## *Conan* SPARKLING

2 cuillerées de jus de clémentine
1 cuillerée de triple sec ou de
Cointreau
un trait de Drambuie
1/4 de flûte de mousseux brut

Se prépare dans la flûte préalablement refroidie. Versez les ingrédients dans l'ordre indiqué. Si vous ne trouvez pas de clémentines, remplacez-les par des mandarines.

## *Connor* GROG

40 g de liqueur Galliano
10 g de kirsch
4 ou 5 cuillerées d'eau
1 cuillerée de crème liquide
quelques gouttes de curaçao bleu
quelques gouttes de sirop de rose

Réchauffez (à la vapeur ou dans une petite casserole) les trois premiers ingrédients ; versez dans le verre à grog, ajoutez en surface la crème liquide puis, sans mélanger, quelques gouttes de curaçao et de sirop de rose.

## *Cordial Pink* SOUR

5/6 de cognac framboise
1/6 de sirop de fraise
un demi-citron pressé

Pour décorer : une fraise ou une framboise.

Se prépare dans le shaker avec des glaçons. Se sert dans le petit tumbler ou dans le grand verre à cocktail avec une fraise ou une framboise.

## *Danièle* EXOTIC

2/6 de jus d'ananas
1/6 de jus de pamplemousse
1/6 de rhum Saint-James ambré
1/6 de cognac framboise
1/6 de mirabelle
deux traits de crème de coco et de
sirop de fraise
un gros pamplemousse

Coupez la calotte du pamplemousse et pratiquez-y quelques trous pour les chalumeaux et la décoration. Ôtez la pulpe du fruit, versez-y tous les ingrédients, ajoutez un glaçon et servez dans la grande coupe.
Décorez avec une fleur en passant la tige, entourée de papier d'aluminium, dans un des trous de la calotte.

## 29.

# *Grasshopper*

1/3 de crème de cacao blanche
1/3 de crème de menthe verte
1/3 de crème de lait

Se prépare dans le shaker avec de la glace en morceaux. Se sert dans le grand verre à cocktail.

**FANCIES**

## *Derek* COBBLER

3/6 de Cointreau
2/6 de sherry dry
1/6 de marasquin
3 cuillerées de glace pilée
un peu de soda selon les goûts

Pour décorer : quartiers de citron et d'orange, une rondelle de kiwi, de banane, et une cerise au marasquin.

Mettez une partie de la glace pilée dans le verre à eau bien froid. Versez les ingrédients (préalablement refroidis dans le verre à mélange avec des glaçons) et ajoutez le reste de glace pilée. Décorez avec des quartiers de citron et d'orange, une rondelle de kiwi et de banane, et une cerise au marasquin. Se sert avec des chalumeaux.

## *Dorian* FROZEN

3/5 de cachaca
1/5 de miel
1/5 de jus de citron
quelques gouttes de sirop de rose
2 cuillerées de glace pilée
1 cuillerée de blanc d'œuf

Se prépare dans le mixer. Se sert dans la coupe à champagne ou dans le verre à vin.

## *Drapier* FROZEN

1/3 de tequila
1/3 de Cointreau
1/6 de jus de maracujà
1/6 de citron pressé
2 cuillerées de glace pilée
1 cuillerée de blanc d'œuf

Se prépare dans le mixer. Se sert dans la coupe à champagne ou dans le verre à vin.

## *Eamon* COCKTAIL CHAMPAGNE (ph. p. 220)

1 cuillerée de crème d'ananas
1 cuillerée de crème de cassis
champagne brut très froid

Pour décorer : une cerise rouge et un petit morceau d'ananas.

Versez les deux liqueurs dans la flûte, complétez avec du champagne et mélangez pendant un instant avec le batteur. Décorez avec une cerise rouge et un petit morceau d'ananas enfilés sur une brochette en bois.

## *Eamond* SPARKLING

*3/4 de flûte d'asti*
*2 cuillerées de kiwi mixé*
*1 cuillerée de sirop de fraise*

Versez l'asti bien frais dans la flûte. Ajoutez le jus de kiwi et mélangez délicatement. Ajoutez ensuite le sirop de fraise, sans mélanger, de façon qu'il reste dans le fond. (Délicieux en dessert.)

## *Edna* EGGNOG (ph. p. 195)

*3/5 de Sherry Cream (xérès)*
*2/5 de cognac*
*un demi-verre à vin de lait frais*
*un œuf frais*
*1 cuillerée de sucre*
*une pincée de noix muscade*

Se prépare dans le shaker avec quelques glaçons ; versez tous les ingrédients (sauf la noix muscade qui sera ajoutée en surface au moment de servir), et agitez énergiquement pendant 8 secondes. Servez dans le verre à vin.

## *Edwin* FANCY

*80 g de bouillon de bœuf*
*(froid et maigre)*
*3 cuillerées de vin blanc sec*
*1 cuillerée de vodka citron*
*1 cuillerée de ketchup*
*1/4 de citron pressé*
*quatre gouttes de tabasco*

Pour décorer : morceaux de céleri, de carotte et de concombre.

Se prépare dans le tumbler moyen avec des glaçons. Décorez avec de petits morceaux de céleri, de carotte et de concombre coupés en bâtonnets. Servez avec des chalumeaux.

## *Eirene* FIZZ (ph. p. 213)

*5/6 de gin*
*1/6 de liqueur de vanille*
*1 cuillerée de sirop de sucre*
*un demi-citron pressé*
*soda à volonté*
*glaçons (facultatif)*

Pour décorer : un quartier de citron et une cerise au marasquin.

Se prépare dans le shaker avec quelques glaçons ; versez les quatre premiers ingrédients et agitez pendant 6 à 8 secondes. Servez dans le tumbler moyen avec un quartier de citron et une cerise au marasquin. (Les doses des fizzes et des fixes sont d'environ 60 g au total. Par conséquent, 10 g = 1/6, 6/6 = 60 g.)

## *Eldred* FIX

5/6 de cognac
1/6 de curaçao bleu
2 cuillerées de sucre
un demi-citron pressé
un peu d'eau

Pour décorer : une tranche de citron.

Faites fondre le sucre dans un peu d'eau dans le petit tumbler. Ajoutez trois ou quatre morceaux de glace assez gros. Versez le jus de citron, le cognac, le curaçao, et mélangez. Servez avec des chalumeaux.

## *Elfreda* FLIP

4/5 de marsala sec
1/5 de cognac
1 cuillerée de miel
un jaune d'œuf

Se prépare dans le shaker avec des glaçons. Agitez énergiquement pendant 8 secondes. Servez dans le verre à vin.

## *Elfrida* FROZEN

3/4 de bourbon
1/8 de Cointreau
1/8 de citron pressé
2 cuillerées de glace pilée
1 cuillerée de blanc d'œuf

Se prépare dans le mixer à la vitesse maximale pendant 10 secondes. Se sert dans la coupe à champagne ou dans le verre à vin.

## *Eli* FROZEN

4/6 d'eau-de-vie de framboise
1/6 de sirop de fraise
1/6 de citron pressé
2 cuillerées de glace
2 cuillerées de blanc d'œuf

Se prépare dans le mixer à grande vitesse pendant 10 secondes. Se sert dans la coupe à champagne ou dans le verre à vin.

## *Emmelline* FROZEN

3/6 de rhum ambré
1/6 de curaçao bleu
1/6 de sirop de sucre
1/6 de citron pressé
2 cuillerées de glace pilée
1 cuillerée de blanc d'œuf

Se prépare dans le mixer. Se sert dans la coupe à champagne ou dans le verre à vin.

◄ *De gauche à droite : Fleance (p. 231), Taglio-Fraise (p. 280), Ciao-Ciao (p. 219).*

**FANCIES**

## *Enid* FROZEN

3/4 de vodka citron
1/8 de mandarine Napoléon
1/8 de citron pressé
2 cuillerées de glace pilée
1 cuillerée de blanc d'œuf

Se prépare dans le mixer à grande vitesse pendant 10 secondes. Se sert dans la coupe à champagne ou dans le verre à vin.

## *Erie* FROZEN

4/6 de cognac
1/6 de sirop de sucre
1/6 de citron pressé
deux traits de sirop de fraise
2 cuillerées de glace pilée
1 cuillerée de blanc d'œuf

Se prépare dans le mixer. Se sert dans la coupe à champagne ou dans le verre à vin.

## *Erwin* FROZEN

3/4 de cognac framboise
1/8 de sirop de mangue
1/8 de citron pressé
2 cuillerées de glace pilée
1 cuillerée de blanc d'œuf

Se prépare dans le mixer. Se sert dans la coupe à champagne ou dans le verre à vin.

## *Esmé* FROZEN

3/6 de glayva (whisky au miel)
2/6 de scotch
1/6 de citron pressé
2 cuillerées de glace pilée
1 cuillerée de blanc d'œuf

Se prépare dans le mixer. Se sert dans la coupe à champagne ou dans le verre à vin.

## *Evelyn* FROZEN

4/6 de Grand Marnier
1/6 de curaçao bleu
1/6 de citron pressé
2 cuillerées de glace pilée
1 cuillerée de blanc d'œuf

Se prépare dans le mixer. Se sert dans la coupe à champagne ou dans le verre à vin.

**FANCIES**

## *Ewan* FROZEN

3/4 de canadian whisky
1/8 de Drambuie
1/8 de citron pressé
2 cuillerées de glace pilée
1 cuillerée de blanc d'œuf

Se prépare dans le mixer à grande vitesse pendant 10 secondes. Se sert dans la coupe à champagne ou dans le verre à vin.

## *Fergus* SPARKLING

3/4 de flûte de mousseux brut
2 cuillerées de poire mixée
1 cuillerée d'alcool de poire

Versez l'alcool de poire (si possible glacé) dans la flûte ; ajoutez le mousseux, puis la poire. Mélangez délicatement.

## *Fidelia* FLIP

3/5 de porto blanc
1/5 de Drambuie
1/5 d'armagnac
2 cuillerées de sucre
un jaune d'œuf

Dans le verre réservé à cet usage, mélangez le sucre aux ingrédients. Agitez dans le shaker pendant 8 secondes avec de gros morceaux de glace. Servez dans le verre à vin.

## *Fingal* FLIP

3/5 de Tía Maria
2/5 de bourbon
un jaune d'œuf
1 cuillerée de miel

Pour décorer : grains de café.

Se prépare dans le shaker avec de gros morceaux de glace. Se sert dans le verre à vin. Décorez avec une pincée de café en poudre ou un grain de café en surface.

## *Fleance* SANS ALCOOL (ph. p. 228)

un pamplemousse pressé
2 cuillerées de sirop d'ananas
soda à volonté

Pour décorer : un quartier de pamplemousse, un morceau d'ananas et une cerise au marasquin.

Se prépare directement dans le grand tumbler avec des glaçons. Décorez avec un quartier de pamplemousse, un petit morceau d'ananas et une cerise au marasquin.

# 30.

# Manhattan

*2/3 de canadian whisky*
*1/3 de vermouth rouge*
*un ou deux traits*
*d'Angostura*

Pour décorer : une petite cerise.

Se prépare dans le verre à mélange avec des glaçons. Se sert dans la coupe à cocktail avec une cerise.

**FANCIES**

## *Fragolada 1* SPARKLING

2 cuillerées de fraise mixée
1 cuillerée d'apricot brandy
mousseux brut très froid

Versez le mousseux jusqu'aux trois quarts de la flûte ; ajoutez la liqueur d'abricot, la fraise, et mélangez délicatement.

---

## *Fragolada 2* SPARKLING

2 cuillerées de fraise mixée
1 cuillerée de crème de cassis
mousseux brut très froid

Pour décorer : une fraise.

Versez le mousseux jusqu'aux trois quarts de la coupe à champagne ; ajoutez le cassis et la fraise ; mélangez délicatement et posez une fraise sur le bord de la coupe.

---

## *Fragolada 3* SPARKLING

2 cuillerées de fraise mixée
1 cuillerée de cherry brandy
3/4 de coupe de mousseux brut très froid

Versez le mousseux très froid dans la coupe à champagne ; ajoutez la liqueur de cerise et la fraise, et mélangez délicatement. Posez une cerise sur le bord de la coupe.

---

## *Fragolada 4* SPARKLING

3/4 de coupe de mousseux brut
1/4 de fraise mixée
deux traits de marasquin

Pour décorer : une cerise au marasquin.

Versez les ingrédients dans la coupe à champagne, dans l'ordre indiqué. Mélangez délicatement et décorez avec une cerise au marasquin posée sur le bord du verre.

---

## *Fulke* CRUSTA (ph. p. 260)

1/3 de vodka
1/3 de curaçao bleu
1/3 de jus d'ananas
sucre en poudre

Pour décorer : une écorce d'orange et de citron.

Humidifiez le bord du verre à vin avec du citron et passez-le dans le sucre afin de former une légère croûte. Versez les ingrédients (préalablement agités dans le shaker) en ayant soin de ne pas mouiller le sucre. Décorez avec une écorce d'orange et de citron.

**FANCIES**

## *Galliano* FIZZ

5/6 de liqueur Galliano
1/6 de citron pressé
1 cuillerée de blanc d'œuf
eau de Seltz (facultatif)

Se prépare dans le shaker avec des glaçons. Se sert dans le verre à vin.

## *Gareth* COCKTAIL CHAMPAGNE

1 cuillerée de mandarine Napoléon
deux traits de sirop de cassis
champagne brut très froid
une mandarine

Dans la flûte, versez la mandarine, le sirop de cassis, et complétez avec du champagne. Pressez une écorce de mandarine en surface.

## *Geraint* COCKTAIL CHAMPAGNE

1 cuillerée de vodka
1 cuillerée d'orange pressée
deux traits de mandarine Napoléon
un trait d'apricot brandy
champagne brut très froid

Pour décorer : un quartier d'orange et d'abricot au sirop.

Se prépare dans la coupe à champagne. Versez les trois premiers ingrédients et complétez avec le champagne. Décorez avec un quartier d'orange et d'abricot au sirop.

## *Gin Fizz* FIZZ

50 g de gin
un demi-citron pressé
une cuillerée de sirop de sucre
1 cuillerée de blanc d'œuf (ou un trait de Frothee)
eau de Seltz ou soda

Pour décorer : une cerise (facultatif).

Sauf le soda qui sera ajouté au dernier moment dans le tumbler moyen, les autres ingrédients doivent être préalablement agités dans le shaker avec des glaçons. (Frothee : produit, type albumen, qui rend la boisson légère et mousseuse.)

## *Gin Sour* SOUR

50 g de gin
un demi-citron pressé
1 cuillerée de sirop de sucre
un trait de Frothee (facultatif)
un trait d'eau de Seltz ou de soda

Se prépare dans le shaker avec quelques glaçons. Se sert dans le grand verre à cocktail ou dans le verre à vin. A l'origine, ce drink était servi sans sucre et sans soda.

**FANCIES**

## *Glady* GROG (ph. ci-contre)

*30 g de gin*
*20 g de Bénédictine*
*5 ou 6 cuillerées d'eau*
*une pincée de cannelle*
*1 cuillerée de jus de citron*
*2 petites cuillerées de sucre*

Pour décorer : une tranche de citron.

Se sert bien chaud dans le verre à grog (ou dans le tumbler moyen enveloppé dans une petite serviette). Décorez avec une tranche de citron.

## *Goldwin* FLIP

*3/5 de crème de cacao*
*2/5 de Kahlúa*
*un jaune d'œuf*
*2 cuillerées de sucre*

Pour décorer : cacao amer.

Faites fondre le sucre dans la liqueur au café (Kahlúa). Versez dans le shaker, ajoutez les autres ingrédients, de la glace grossièrement broyée, et agitez pendant quelques instants. Servez dans le verre à vin avec une pincée de cacao en poudre.

## *Gorbodue* GROG (ph. ci-contre)

*40 g de scotch*
*40 g d'eau*
*2 cuillerées de sucre*
*deux clous de girofle*
*un petit zeste de citron*

Se prépare directement dans le verre à grog, réchauffé à la vapeur de la machine à café ou dans une petite casserole, à feu doux.

## *Gordon G.* FLIP

*3/5 de Sherry Cream (xérès)*
*1/5 de cognac*
*1/5 d'Amaretto di Saronno*
*un jaune d'œuf*
*1 ou 2 cuillerées de sucre*

Se prépare dans le shaker avec de la glace grossièrement broyée (après avoir fait fondre le sucre dans le cognac). Se sert dans le verre à vin, saupoudré de noix muscade.

*De gauche à droite :* ▶
*Gwyneth (p. 238), Gorbodue (p. 236), Glady (p. 236).*

**FANCIES**

## *Grand Canal* CUP POUR 8 PERSONNES (ph. p. 248)

*une bouteille de vin mousseux brut frais*
*8 cuillerées de liqueur de melon*
*8 cuillerées de Cointreau*

Se prépare dans la grande coupe ; versez les trois ingrédients et mélangez avec la cuiller à long manche. Décorez avec des tranches de melon épluché.

## *Grendel* CUP POUR 8 PERSONNES

*une bouteille de champagne brut*
*1/2 flûte de curaçao bleu*
*1 flûte de Cointreau*
*1 flûte de mousseux*

Pour décorer : tranches de clémentine.

Se prépare dans le bowl (ou dans une grande carafe). Décorez avec quelques tranches de clémentine. Se sert dans la coupe à champagne ou dans la flûte.

## *Griffith* FANCY (ph. p. 276)

*une bouteille de bière blonde*
*1 cuillerée de mirabelle*
*deux traits de curaçao bleu*

Versez dans le verre à eau les deux liqueurs, puis, très doucement, ajoutez la bière (28 cl environ).

## *Gwyneth* GROG (ph. p. 237)

*1/2 de rhum Saint-James Impérial blanc*
*1/2 d'eau*
*2 cuillerées de jus de citron*
*1 cuillerée de miel*
*deux clous de girofle*
*une pincée de cannelle*

Pour décorer : spirales d'écorce d'orange et de citron.

Se sert bien chaud dans le verre à grog (ou dans le tumbler moyen enveloppé dans une petite serviette). Décorez avec de longues et fines spirales d'écorce de citron et d'orange.

## *Hamish* SANS ALCOOL

*2 cuillerées de sirop d'orgeat*
*1 cuillerée de grenadine*
*lait froid*

Se prépare directement dans le tumbler moyen ; versez le sirop d'orgeat, la grenadine, et complétez avec le lait. Ajoutez quelques glaçons.

## *Hartley V-8* FANCY

une boîte de V-8 (jus de légumes)
1 cuillerée de rhum
un demi-citron pressé
quelques gouttes de tabasco
une pincée de sel

Versez le jus de légumes et tomate
(bien frais) dans le tumbler moyen ;
ajoutez tous les autres ingrédients et
mélangez avec la cuiller à long
manche.

## *Hazel* CRUSTA (ph. p. 260)

40 g de cognac
un trait de Fernet-Branca menthe
un citron
sucre en poudre

Humectez le bord de la coupe à
cocktail avec du citron et passez-le
dans le sucre. Versez ensuite le
cognac et le Fernet-Branca menthe.

## *Hedy* SANS ALCOOL

3/6 de poire mixée
2/6 de jus d'abricot
1/6 de sirop de fraise
une demi-bouteille de Schweppes

Se prépare dans le grand tumbler
avec quelques glaçons. Se sert avec
des chalumeaux. Décorez avec des
fruits frais, poire et fraise (facultatif).

## *Henry* COCKTAIL CHAMPAGNE

3/4 de flûte de champagne brut
1 cuillerée de Drambuie
1 cuillerée d'irish whiskey

Pour décorer : une demi-tranche
d'orange.

Se prépare dans la flûte bien
refroidie. Versez les ingrédients dans
l'ordre indiqué (le champagne doit
être très frais). Décorez avec une
demi-tranche d'orange.

## *Hiram* FIX (ph. p. 204)

3/5 de kirsch
2/5 de glayva
1 cuillerée de sucre
un demi-citron pressé

Pour décorer : une cerise rouge.

Faites fondre le sucre dans un peu
d'eau dans le verre à mélange. Versez
ensuite le jus de citron, l'alcool de
cerise, le whisky au miel, et ajoutez
quelques glaçons.

# 31.

# Martini Dry

*3/4 de gin*
*1/4 de vermouth dry*

Se prépare dans le verre à mélange avec quelques glaçons. Agitez énergiquement. Servez dans la coupe à cocktail en pressant un zeste de citron en surface.

**FANCIES**

## *Hodge* EGGNOG

3/4 de lait froid
1/8 de cognac
1/8 de Sherry Cream (xérès)
un œuf entier
1 cuillerée de sucre
une pincée de noix muscade

Faites fondre le sucre dans le lait et versez dans le shaker avec quelques glaçons ; ajoutez le cognac, le sherry, l'œuf (blanc compris), et agitez pendant 8 secondes. Se sert dans le verre à vin avec une pincée de noix muscade en surface. Chaude, cette boisson est également excellente. Dans ce cas, le blanc d'œuf devra être monté en neige, puis sucré, avant d'être mélangé aux autres ingrédients.

## *Holiday At Home* CUP POUR 8 PERSONNES (ph. p. 248)

une bouteille de mousseux demi-sec
une flûte remplie de Pimm's n° 1
deux pamplemousses pressés
1 cuillerée de sirop de rose

Pour décorer : un pétale de rose.

Se prépare dans la grande coupe (ou dans une grande carafe). Versez au dernier moment le mousseux très froid. Servez dans la coupe à champagne ou dans la flûte. Décorez avec un pétale de rose.

## *Honor* GROG

3/5 d'irish whiskey
2/5 de cognac framboise
1 cuillerée de miel
1 cuillerée de jus de citron
4 ou 5 cuillerées d'eau bouillante

Pour décorer : une spirale d'écorce de citron ou de citron vert.

Réchauffez le verre à grog. Versez le miel, l'eau bouillante et tous les autres ingrédients, puis mélangez pendant un instant. Décorez avec une spirale de citron.

## *Imperial Dry* COCKTAIL CHAMPAGNE

2 cuillerées de vodka glacée
un trait de Drambuie
mousseux bien frais

Se prépare dans la flûte ; versez d'abord la vodka et le whisky au miel (Drambuie), puis ajoutez le mousseux et mélangez délicatement.

**FANCIES**

## *Ivor* FIZZ

3/6 de grappa
1/6 de sirop de sucre
1/6 de liqueur de vanille
1/6 de citron pressé
eau de Seltz (facultatif)

Se prépare dans le shaker avec des glaçons. Se sert dans le verre à eau.

## *J. Baker* COCKTAIL CHAMPAGNE

3/4 de coupe de champagne brut
1/4 de jus de raisin
un trait de mandarine Napoléon

Pour décorer : deux grains de raisin.

Se prépare dans la coupe à champagne ou dans le verre à vin. Versez les ingrédients dans l'ordre indiqué. Décorez avec deux grains de raisin posés sur le bord du verre.

## *Jabez* FANCY

1/0 de Punt e Mes
1/6 d'amaro
1/6 de vermouth dry
1/3 de mousseux brut

Pour décorer : deux petits oignons doux et une spirale d'écorce de citron.

Se prépare dans le petit tumbler avec quatre ou cinq glaçons.

## *Jan* FANCY

3/6 de vermouth rosé
1/6 de bitter Campari
2/6 de mousseux brut
une goutte de Pernod

Pour décorer : une spirale de peau de concombre.

Se prépare dans le petit tumbler avec quelques glaçons.

## *Jedidiah* FROZEN

4/6 de marasquin
1/6 d'Izarra jaune
1/6 de citron pressé
2 cuillerées de glace pilée
1 cuillerée de blanc d'œuf

Se prépare dans le mixer à grande vitesse pendant 10 secondes. Se sert dans la coupe à champagne ou dans le verre à vin.

## 32.

# Martini Sweet

2/3 de gin
1/3 de vermouth rouge

Versez les ingrédients dans le verre à mélange, ajoutez quelques glaçons, et remuez pendant un instant. Servez dans la coupe à cocktail préalablement refroidie.

**FANCIES**

## *Jemina* FROZEN

3/6 de vodka ananas
2/6 d'apricot brandy
1/6 de citron pressé
2 cuillerées de glace pilée
1 cuillerée de blanc d'œuf

Se prépare dans le mixer. Se sert dans la coupe à champagne ou dans le verre à vin.

## *Jervis* FROZEN

2/3 de rhum blanc
1/6 de liqueur Galliano
1/6 de citron pressé
quelques gouttes de grenadine
2 cuillerées de glace pilée
1 cuillerée de blanc d'œuf

Se prépare dans le mixer à grande vitesse pendant 10 secondes. Se sert dans la coupe à champagne ou dans le verre à vin.

## *Joël* FROZEN

4/6 de gin
1/6 de grenadine
1/6 de citron pressé
2 cuillerées de glace pilée
1 cuillerée de blanc d'œuf

Se prépare dans le mixer à la vitesse 2 pendant 10 secondes. Se sert dans la coupe à champagne ou dans le verre à vin.

## *K. Ranieri* CUP POUR 8 PERSONNES

une bouteille de mousseux brut
8 cuillerées de gin
8 cuillerées de marasquin
huit cerises au marasquin

Pour décorer : une cerise rouge.

Se prépare dans la grande coupe (ou dans une grande carafe) avec tous les ingrédients bien frais. Se sert dans la coupe à champagne. Décorez avec une cerise.

## *Katya R.* COCKTAIL CHAMPAGNE

4/6 de coupe de champagne demi-sec
1/6 de liqueur de melon
1/6 de cognac framboise

Se sert bien frais. Décorez avec une petite boule de melon et une framboise enfilées sur une brochette. Cette boisson peut également être servie au dessert.

## *Kenelm* COBBLER (ph. p. 260)

3/6 de porto blanc frais
2/6 de cherry brandy
1/6 de Schweppes
3 cuillerées de glace pilée

Pour décorer : quartiers de kiwi, de pomme, de banane, et une cerise au marasquin.

Se prépare dans le verre à vin bien froid, avec une cuillerée de glace pilée. Versez les ingrédients bien refroidis dans le verre à mélange, ajoutez la glace restante et servez avec des chalumeaux.

## *Kenneth* FROZEN

3/6 de mirabelle
1/6 de sirop de kiwi
1/6 de liqueur de vanille
1/6 de citron pressé
2 cuillerées de glace pilée
1 cuillerée de blanc d'œuf

Se prépare dans le mixer. Se sert dans la coupe à champagne ou dans le verre à vin.

## *Kezia* FLIP

un jaune d'œuf
un café serré
3 cuillerées de Cointreau
2 cuillerées de cognac
1 cuillerée de sucre

Se prépare dans le shaker avec de la glace en morceaux (après avoir bien mélangé le sucre dans l'œuf et dans le cognac). Se sert dans le verre à vin.

## *Kir Impérial* COCKTAIL CHAMPAGNE

5/6 de champagne brut
1/6 de vodka clémentine
quelques gouttes de sirop de mûre

Se prépare dans la flûte préalablement refroidie. Mélangez délicatement avec le batteur.

## *Kir Royal* COCKTAIL CHAMPAGNE

1 cuillerée de crème de cassis
4/5 de coupe de champagne brut froid

Versez la liqueur de cassis dans la flûte très froide, puis ajoutez le champagne.

**FANCIES**

## *Lady Green* CRUSTA

3/5 d'apricot brandy
2/5 de curaçao bleu
un demi-citron pressé
sucre en poudre

Se prépare dans le shaker avec quelques glaçons ; agitez et versez dans le verre à eau sur le bord duquel vous aurez formé une mince croûte de sucre. Décorez avec une longue spirale d'écorce de citron ou de citron vert.

## *Lance* FIZZ

3/5 de vodka
1/5 de triple sec
1/5 de citron pressé
un trait de grenadine
deux traits d'eau de Seltz ou de soda

Sauf le soda (que l'on ajoute au dernier moment), les ingrédients doivent être agités dans le shaker avec des glaçons. Servez dans le verre à vin en retenant la glace.

## *Laurie* FLIP

3/5 de marsala sec
2/5 de cognac
un jaune d'œuf
1 cuillerée de sucre
un trait de mandarine Napoléon

Se prépare dans le shaker avec de gros morceaux de glace (après avoir bien mélangé le sucre, l'œuf et le cognac). Se sert dans le verre à vin.

## *Lear* FLIP

1/3 de cognac
1/3 de crème de cacao blanche
1/3 de porto blanc
un jaune d'œuf
1 cuillerée de sucre
un trait de curaçao bleu

Se prépare dans le shaker avec de gros morceaux de glace (après avoir bien mélangé le sucre, l'œuf et le cognac). Se sert dans le verre à vin.

## *Leonardo* SPARKLING

3/4 de flûte de champagne
2 cuillerées de fraise mixée
1 cuillerée de sirop de fraise
1 cuillerée de cognac framboise

Versez tous les ingrédients dans l'ordre indiqué, puis mélangez délicatement avec le batteur.

◀ De gauche à droite :
Holiday At Home (p. 242), Grand Canal (p. 238).

**FANCIES**

## *Luna* SPARKLING

3/4 de coupe de champagne brut
2 cuillerées de mangue mixée
un trait de sirop de papaye

Pour décorer : un quartier de mangue.

Se prépare directement dans la coupe à champagne froide. Mélangez délicatement. Décorez avec un quartier de mangue sur le bord du verre (facultatif).

## *Mabel* COCKTAIL CHAMPAGNE

3/4 de flûte de champagne brut
1 cuillerée de Suze
1 cuillerée d'apricot brandy

Pour décorer : une demi-tranche d'orange.

Versez le champagne bien froid, puis, dans l'ordre, les autres ingrédients. Mélangez et décorez avec une demi-tranche d'orange.

## *Madoe* SPARKLING

3/4 de coupe de champagne sec
2 cuillerées de poire williams
deux gouttes de sirop de rose

Pour décorer : un pétale de rose.

Se prépare directement dans la coupe à champagne refroidie. Décorez avec un pétale de rose. (Conservez des pétales de rose dans une coupe avec de l'alcool de poire williams.)

## *Magnus* COCKTAIL CHAMPAGNE

3/4 de flûte de champagne brut
un trait de liqueur Galliano
un trait de curaçao bleu

Se prépare, bien froid, directement dans la flûte. Pressez un zeste d'orange en surface.

## *Maida* SPARKLING

2 cuillerées de jus de maracujà
1 cuillerée de sirop de rose
quelques gouttes de Bénédictine
mousseux brut froid

Se prépare dans la coupe à champagne ou dans la flûte. Versez les trois premiers ingrédients, puis complétez avec le mousseux.

**FANCIES**

## *Malcolm* FIZZ

4/5 de Dubonnet
1/5 de mandarine Napoléon
un demi-citron pressé
1 cuillerée de blanc d'œuf
eau de Seltz ou soda

Pour décorer : une cerise au marasquin.

Sauf le soda, que vous ajouterez au moment de servir, agitez les autres ingrédients dans le shaker avec des glaçons. Servez dans le tumbler moyen avec une cerise au marasquin.

## *Mandarine Royal* COCKTAIL CHAMPAGNE

1 cuillerée de mandarine Napoléon
1 cuillerée de cognac Courvoisier
Champagne brut frais

Pour décorer : une demi-tranche d'orange.

Versez les deux premiers ingrédients dans la flûte bien froide et complétez avec le champagne. Décorez avec une demi-tranche d'orange.

## *Marigold* FANCY

2/6 de jus d'orange
2/6 de Suze
1/6 de vermouth rosé
1/6 de vodka citron
un trait de Parfait Amour

Pour décorer : demi-tranches d'orange et de citron.

Se prépare dans le shaker avec quelques glaçons. Versez les quatre premiers ingrédients et agitez pendant 6 à 8 secondes. Servez dans le petit tumbler avec une demi-tranche d'orange et une demi-tranche de citron (glace comprise). Ajoutez le Parfait Amour en surface.

## *Marilyn* FIZZ

3/6 de vodka clémentine
2/6 de mandarine Napoléon
1/6 de grenadine
1 cuillerée de blanc d'œuf
deux traits d'eau de Seltz

Pour décorer : une cerise au marasquin.

Se prépare dans le shaker avec quelques glaçons. Versez les quatre premiers ingrédients et agitez pendant 6 à 8 secondes. Servez dans le tumbler moyen après avoir ajouté l'eau de Seltz ou le soda. Décorez avec une cerise au marasquin.

## 33.

# Mary Pickford

1/2 de rhum blanc
1/2 de jus d'ananas frais
1 cuillerée de grenadine
un trait de marasquin

Se prépare dans le shaker avec de la glace en morceaux. Se sert dans le grand verre à cocktail très froid.

**FANCIES**

## *Marmion* CRUSTA

4/6 de gin
1/6 de pamplemousse pressé
1/6 de bitter Campari
sucre en poudre

Se prépare dans le shaker avec des glaçons. Servez dans le verre à vin (sur le bord duquel vous aurez formé une mince croûte de sucre). Décorez avec une spirale de pamplemousse.

## *Maureen* COBBLER

4/6 de porto blanc
1/6 de Parfait Amour
1/6 de gin
3 cuillerées de glace pilée

Pour décorer : quartiers de kiwi, d'orange, une cerise et (facultatif) un trait d'eau de Seltz ou de soda.

Se prépare directement dans le verre à vin (refroidi). Versez d'abord les liqueurs, puis la glace. Décorez avec des fruits en quartiers. Servez avec des chalumeaux.

## *Mela (Pomme)* EXOTIC

3/5 de calvados (glacé)
2/5 de jus de pomme bien froid
un trait de grenadine

Pour décorer : quelques boules de pomme.

Coupez la calotte d'une grosse pomme et ôtez-en la pulpe. Versez les ingrédients dans le fruit évidé et servez dans le grand verre à cocktail. Décorez avec des boules de pulpe.

## *Melon 1* EXOTIC

4/6 de porto
1/6 de cognac
1/6 de liqueur de vanille

Coupez la calotte du melon et pratiquez-y deux trous pour y introduire les chalumeaux. Après avoir ôté la pulpe avec le couteau à fruits, versez les ingrédients.

## *Melon 2* EXOTIC

5/6 de sherry dry
1/6 d'apricot brandy
un trait de Fernet-Branca
1 ou 2 glaçons

Se prépare dans le melon vidé de sa pulpe. Se sert (avec des chalumeaux enfilés dans la calotte) dans la grande coupe (ou punch bowl).

## *Melon 3* EXOTIC

3/4 de marsala sec
1/4 de vodka ananas
1 ou 2 glaçons

Se prépare dans le melon vidé de sa pulpe et tenu au freezer jusqu'au moment de verser les ingrédients. Servez dans la grande coupe avec des chalumeaux.

## *Melon 4* EXOTIC (ph. p. 282)

3/4 de porto (frais)
1/4 de mandarine Napoléon
glace (facultatif)

Se prépare dans le fruit vidé de sa pulpe. Servez dans la grande coupe avec des chalumeaux enfilés dans la calotte du melon.

## *Mimosa* SPARKLING

2/3 de vin mousseux sec
1/3 d'orange pressée

Se prépare dans la flûte ou dans le verre à vin avec les ingrédients bien froids. (Ce cocktail de plus de 80 ans est appelé Buck's Fizz en Angleterre et aux États-Unis.)

## *Mirabelle Blue* SOUR

3/4 de mirabelle
1/4 de curaçao bleu
1 cuillerée de sirop de sucre
2 cuillerées de jus de citron

Se prépare dans le shaker avec des glaçons. Servez dans le grand verre à cocktail ou dans le verre à vin. Décorez avec une cerise au marasquin.

## *Miss Carrie Kenn* SANGAREE

4/6 de vin blanc frais
1/6 de sirop de papaye
1/6 de cognac

Se prépare dans le verre à vin avec quelques fraises des bois. Facultatif : un glaçon.

Pour décorer : fraises des bois.

# Mikado

40 g de cognac
deux traits de sirop d'orgeat
deux traits de crème de noyau
un trait d'Angostura
deux traits de curaçao

Agitez rapidement dans le shaker avec un peu de glace, puis versez dans le grand verre à cocktail.

**FANCIES**

## *Miss Univers* EXOTIC

1/3 de cognac
1/3 de cognac framboise
1/3 de vodka clémentine
6 cuillerées de jus d'ananas frais

Pour décorer : une orchidée.

Se prépare dans un ananas dont on a coupé la calotte et vidé la pulpe. Ajoutez quelques glaçons. Facultatif : une orchidée enfilée dans un des deux chalumeaux piqués dans la calotte du fruit.

## *Miss Venise* FANCY

3/5 de Suze
1/5 de bourbon
1/5 de vermouth Gancia amer
un trait de sirop de rose
un trait de ginger ale

Pour décorer : une demi-tranche d'orange et un pétale de rose.

Se prépare directement dans le tumbler moyen avec quelques glaçons. Décorez avec une demi-tranche d'orange et un pétale de rose.

## *Monica* COCKTAIL CHAMPAGNE

2 cuillerées de Cointreau
1 cuillerée de scotch
3/4 de flûte de champagne

Se prépare directement dans la flûte (préalablement refroidie).

## *Mysia* FROZEN

4/6 d'Inca Pisco
1/6 de sirop de sucre
1/6 de citron vert pressé
deux traits de sirop de framboise
2 cuillerées de glace pilée
1 cuillerée de blanc d'œuf

Se prépare dans le mixer. Se sert dans le verre à vin ou dans la coupe à champagne.

## *Nahum* EXOTIC

3/6 de porto blanc
2/6 de jus de maracujà
1/6 de cachaca
4 cuillerées de jus d'ananas frais

Se prépare dans l'ananas (après en avoir ôté la calotte et l'avoir vidé de sa pulpe), avec quelques glaçons et des chalumeaux.

**FANCIES**

## *Nigel* COCKTAIL CHAMPAGNE

*champagne brut froid*
*deux traits d'eau-de-vie de*
*framboise glacée*
*quelques gouttes de Parfait Amour*

Pour décorer : une framboise.

Versez dans la flûte l'alcool de framboise et la liqueur, puis complétez avec le champagne.

## *Parnel* SANS ALCOOL

*2/3 de jus d'ananas*
*1/3 de maracujà*
*un trait de sirop de framboise*
*Schweppes à volonté*

Se prépare dans le grand tumbler avec des glaçons. Décorez avec une tranche d'orange et une cerise.

## *Patience* FANCY

*une boîte de V-8 (jus de légumes)*
*un demi-citron pressé*
*2 cuillerées de grappa*
*quelques gouttes de tabasco*
*un trait de Worcester Sauce*
*sel ou sel de céleri*

Pour décorer : une branche de céleri.

Se prépare directement dans le grand tumbler avec des glaçons. Décorez avec une petite branche de céleri.

## *Paties* CRUSTA

*3/6 de Sherry Cream (xérès)*
*2/6 de Suze*
*1/6 de cognac*
*Schweppes à l'orange*
*sucre en poudre*

Pour décorer : une spirale d'écorce d'orange.

Se prépare dans le shaker avec quelques glaçons. Versez les trois premiers ingrédients. Servez dans le verre à eau (dont le bord aura été humidifié avec l'orange, puis trempé dans du sucre). Ajoutez un quart (ou plus) d'orange et quelques glaçons (facultatif).

## *Pera (Poire)* EXOTIC

*3/5 de poire williams (glacée)*
*2/5 de jus de poire froid*
*un trait de crème de banane*

Après avoir coupé la calotte et éliminé la pulpe de la poire, versez-y les ingrédients. Servez dans la grande coupe avec de la glace pilée.

**FANCIES**

## *Perry* SANS ALCOOL

1 pamplemousse pressé
1 cuillerée de sirop de papaye
une petite bouteille de bitter San
Pellegrino

Se prépare dans le grand tumbler
avec quatre ou cinq glaçons. Décorez
avec un quartier de pamplemousse et
une cerise.

## *Pesca Rosata* SPARKLING

2 cuillerées de pêche mixée
1 cuillerée de cognac framboise
un trait de sirop de rose
champenois brut très froid

Versez dans la coupe les trois
premiers ingrédients et complétez
avec le mousseux. Mélangez
délicatement.

## *Piñacolada* FROZEN

7 cuillerées de jus d'ananas frais
5 cuillerées de rhum blanc
2 cuillerées de crème de coco
2 cuillerées de glace pilée
deux traits de crème liquide

Se prépare dans le mixer à la
vitesse 2 pendant 10 à 12 secondes.
Se sert dans le tumbler moyen ou
dans le verre à eau. Décorez avec
une cerise et un morceau d'ananas
enfilés sur une brochette en bois.

## *Pisco Pink* SOUR

5/6 d'Inca Pisco
1/6 de citron pressé
un trait de grenadine
deux traits de marasquin
sirop de sucre (facultatif)

Se prépare dans le shaker avec des
glaçons. Se sert dans le grand verre à
cocktail ou dans le verre à vin.
Décorez avec une cerise au
marasquin.

## *Pompelmo 1* EXOTIC (ph. p. 282)

2/6 d'ananas pressé
1/6 de pamplemousse pressé
1/6 de rhum Saint-James ambré
1/6 de mirabelle
1/6 de crème de coco et de sirop
de fraise

Coupez la calotte d'un gros
pamplemousse et pratiquez-y deux
petits trous. Ôtez la pulpe et tenez le
fruit évidé au freezer jusqu'au
moment de préparer le cocktail.
Servez dans la grande coupe avec
des chalumeaux piqués dans la
calotte du pamplemousse.

◀ *De gauche à droite : Kenelm (p. 247), Hazel (p. 239), Fulke (p. 234).*

## 35.

# Monkey Gland

3/5 de gin
2/5 de jus d'orange
deux gouttes de grenadine
deux traits de Pernod ou de Ricard

Mettez les ingrédients dans le shaker avec quatre ou cinq cubes de glace et agitez fortement pendant quelques instants.

**FANCIES**

## *Pompelmo 2* EXOTIC

*3/6 de pamplemousse pressé*
*2/6 de gin*
*1/6 de triple sec*

Après avoir coupé la calotte et vidé le pamplemousse, recueillez le jus. Versez les ingrédients dans le shaker avec des glaçons. Agitez pendant 6 à 8 secondes, puis servez dans le fruit posé dans la grande coupe (ou punch bowl), avec des chalumeaux.

## *Porter* COBBLER

*4/6 de porto blanc frais*
*1/6 d'Izarra verte*
*1/6 de curaçao vert*
*3 cuillerées de glace pilée*

Pour décorer : quartiers d'orange, de citron vert, de poire, de pomme, et une cerise au marasquin.

Se prépare dans le verre à vin (bien refroidi) avec des fruits coupés en quartiers minces : orange, citron ou citron vert, poire, pomme, et une cerise au marasquin. Se sert avec deux petits chalumeaux.

## *Porto Flip* FLIP

*2/3 de porto rouge*
*1/3 de cognac*
*un jaune d'œuf*
*2 cuillerées de sucre*
*une pincée de noix muscade*

Faites fondre le sucre dans le cognac et versez dans le shaker avec de gros morceaux de glace. Ajoutez le porto et l'œuf, puis agitez pendant 8 à 10 secondes. Servez dans le verre à vin avec une pincée de noix muscade en surface.

## *Prairie Oyster* FANCY

*un jaune d'œuf*
*1 cuillerée de jus de pamplemousse*
*1 cuillerée de ketchup*
*1 cuillerée de citron pressé*
*quelques gouttes de tabasco*
*une pincée de sel de céleri*
*un trait de cognac*

Se prépare directement dans la coupe à cocktail et se boit d'un trait sans mélanger les ingrédients. (Le cognac peut être remplacé par du scotch, du rhum, de la vodka ou du gin.)

## *Pratile Rouge* FANCY

un jaune d'œuf
1 cuillerée de jus de citron
3 cuillerées de jus de tomate
quelques gouttes de Worcester Sauce
une pincée de sel de céleri
une pincée de paprika ou de poivre

Se prépare directement dans le petit tumbler. Mélangez tous les ingrédients, sauf le jaune d'œuf que vous ajouterez au dernier moment.


## *Primrose* SANGAREE

5/6 de porto blanc froid
1/6 de crème de cassis
Schweppes à volonté

Pour décorer : deux clous de girofle piqués dans un zeste d'orange.

Se prépare directement dans le verre à vin préalablement refroidi.
Facultatif : un glaçon.


## *Puccini* SPARKLING

3/4 de mousseux froid
1/4 de mandarine pressée

Cette excellente boisson d'origine vénitienne se prépare directement dans la flûte ou dans la coupe à champagne très froide.

## *Rembrandt* COCKTAIL CHAMPAGNE

champagne brut
1 cuillerée de jus de groseille
1 cuillerée de liqueur de mandarine

Se prépare dans la flûte. Versez la groseille pressée, ajoutez la liqueur, puis complétez avec le champagne très frais.


## *Renaissance* COCKTAIL CHAMPAGNE

champagne brut très froid
deux traits de curaçao vert
deux traits de Cointreau
un trait de sirop de mangue

Se prépare dans la flûte refroidie. Versez le curaçao, le Cointreau, le sirop de mangue, puis complétez avec le champagne.

## 36.

# Negroni

*1/3 de bitter Campari*
*1/3 de gin*
*1/3 de vermouth doux*

Se prépare dans le tumbler moyen avec des glaçons, des tranches d'orange et un trait d'eau de Seltz.

**FANCIES**

## *Reuben* TODDY

3/4 de rhum
1/4 de cognac framboise
4 ou 5 cuillerées d'eau
2 cuillerées de sucre
1 cuillerée de jus de citron

Se prépare dans le verre à mélange. Réchauffez à la vapeur ou dans une petite casserole, à feu doux. Ajoutez le jus de citron avant de servir dans le verre à grog.

## *Rhoda* EGGNOG

2/6 de lait
2/6 de madère ou de marsala
1/3 de rhum Saint-James ambré
1 cuillerée (ou plus) de sirop de canne
un œuf entier
une pincée de noix muscade

Se prépare dans le shaker avec quatre ou cinq morceaux de glace. Versez le madère, le rhum, le sirop de canne et l'œuf (blanc compris). Agitez pendant 10 secondes, versez ensuite dans le verre à eau, ajoutez le lait, mélangez bien et saupoudrez de noix muscade.

## *Rhys* SPARKLING

3 cuillerées d'Akadama Plum Wine
un trait de Cointreau
3/4 de flûte de champagne brut

Se prépare dans la flûte bien refroidie. (L'Akadama Plum Wine est un excellent vin à base de prune japonaise.)

## *Risque-Tout* SPARKLING

3/4 de flûte de champagne brut
1/4 de fruits mixés :
abricot, banane, ananas

Versez d'abord le champagne (bien frais) puis les fruits mixés, mélangés au préalable avec un peu de sucre de canne et quelques cuillerées du même champagne.

**FANCIES**

## *Roobin* FIZZ

3/5 de gin
1/5 de citron pressé
1/5 de sirop de framboise
un demi-blanc d'œuf
eau de Seltz ou soda

Pour décorer : une cerise au marasquin.

Se prépare dans le shaker avec des glaçons (sauf l'eau de Seltz que l'on ajoutera après avoir versé le mélange dans le tumbler moyen ou dans le verre à vin). Décorez avec une cerise au marasquin.

## *Royal Cobbler* COBBLER

3/6 de Cointreau
1/6 d'apricot brandy
1/6 d'orange pressée
1/6 de flûte de champagne

Pour décorer : quartiers d'orange, de poire, d'abricot, quelques cerises et trois cuillerées de glace pilée.

Se prépare dans le verre à dégustation refroidi, après avoir mélangé les trois premiers ingrédients dans le shaker avec des glaçons. Ajoutez ensuite les fruits coupés en petits quartiers, puis le champagne. Servez avec des chalumeaux.

## *Sammy* COBBLER

4/5 de Sherry Cream
1/5 de kirsch glacé
3 cuillerées de glace pilée
quelques gouttes de cherry brandy

Pour décorer : quartiers de poire, de pomme, de kiwi, d'orange, et une cerise au marasquin.

Se prépare dans le verre à eau. Versez les ingrédients dans l'ordre ; ajoutez le cherry brandy en surface, puis décorez avec des quartiers de fruits.

## *Samoa* SPARKLING

5/6 de flûte de mousseux demi-sec
1/6 d'orange pressée
un trait d'Amaretto di Saronno

Se prépare dans la flûte ou dans le verre à vin. Versez les ingrédients dans l'ordre indiqué. Accompagne bien n'importe quel dessert.

**FANCIES**

# La Sangria New Fashion

Originaire d'Espagne, et plus précisément de Pampelune, la sangria était autrefois préparée exclusivement avec des vins espagnols fortement alcoolisés. Maintenant, on peut utiliser, pour réaliser cette délicieuse boisson, également n'importe quel vin, de n'importe quelle région de France, qu'il soit léger ou qu'il ait du corps, qu'il soit rouge, blanc ou rosé, pourvu qu'il soit d'excellente production. Et pour réaliser la « Sangria New Fashion » le plus rapidement possible, sans l'aromatiser à froid pendant plusieurs heures, comme on le fait traditionnellement pour les sangrias, il suffit de préparer à l'avance le mélange aromatique. Dans le verre à vin de chacun des convives, on versera d'abord ce mélange, puis le vin, l'alcool ou la liqueur choisie, enfin l'eau gazeuse qui devra toujours constituer le dernier ingrédient, de façon que la boisson demeure pétillante jusqu'à la dernière gorgée. Voici le mode de préparation du mélange aromatique, quel que soit le vin utilisé, et pour 20 à 22 personnes : dans une casserole, réchauffez à feu doux un demi-litre de vin blanc sec auquel vous aurez ajouté les ingrédients suivants : 40 clous de girofle, 30 baies de genièvre, deux bâtonnets de cannelle, 4 cuillerées (ou plus) de sucre. Juste avant l'ébullition, ôtez la casserole du feu, ajoutez une large écorce de pomme, d'orange et de citron. Laissez refroidir pendant 20 minutes au moins, puis filtrez le mélange et tenez-le au réfrigérateur, dans une bouteille bien fermée, jusqu'au moment de servir. Pour décorer, utilisez des fruits frais et exotiques, pelés et coupés en grosses tranches, que vous disposerez dans la grande coupe ou dans la carafe (jamais dans les verres). Il est essentiel que les vins et l'eau gazeuse soient très froids.

## Sangria 1 New F.

*20 g de mélange aromatique*
*80 g de vin blanc sec*
*10 g de Cointreau*

Pour décorer : tranches d'agrumes et fruits.

Se prépare directement dans le verre à eau ; versez les ingrédients dans l'ordre.

*(Voir la préparation p. 272, qui vaut pour toutes les recettes de sangria.)*

## Sangria 2 New F.

*10 g de mélange aromatique*
*80 g de vin blanc doux*
*10 g de cognac framboise*
*un trait de sirop de rose*
*40 g de Schweppes*

Se prépare dans le verre à eau.
Versez les ingrédients dans l'ordre.

**FANCIES**

## *Sangria 3 New F.*

20 g de mélange aromatique
80 g de monbazillac
20 g de vodka banane
30 g de Schweppes

Se prépare dans le verre à eau. Peut accompagner n'importe quel dessert : gâteaux aux fruits, à la crème, au chocolat, etc.

## *Sangria 4 New F.*

20 g de mélange aromatique
80 g de vin rosé
20 g de cognac
40 g de Schweppes

Se prépare dans le verre à eau. Excellente pour accompagner tartines, sandwiches et plats de poissons.

## *Sangria 5 New F.*

10 g de mélange aromatique
80 g de traminer
10 g de vodka clémentine
30 g de Schweppes

Se prépare dans le verre à eau. Cette boisson accompagne bien les toasts au saumon et au caviar, ainsi que les fruits de mer.

## *Sangria 6 New F.*

20 g de mélange aromatique
80 g de bon vin rouge
10 g de mandarine Napoléon
40 g de Schweppes

Pour décorer : tranches d'orange ou de mandarine.

Se prépare directement dans le verre à eau. Si vous devez préparer la sangria pour plusieurs personnes, décorez la carafe ou la grande coupe avec des tranches d'orange ou de mandarine et multipliez les doses des ingrédients par le nombre d'invités.

## *Sangria 7 New F.*

20 g de mélange aromatique
80 g de Sherry Cream (xérès)
10 g de Grand Marnier
40 g de Ginger Ale

Se prépare dans le verre à eau. Accompagne bien les gâteaux.

**FANCIES**

## *Sangria New Fashion n° 10*

1. Après avoir préparé le mélange aromatique, laissez-le refroidir, filtrez-le, et placez-le au réfrigérateur jusqu'au moment de servir.
2. Dans le verre à eau préalablement refroidi, versez 20 g de mélange ; ajoutez 10 g de cognac et 10 g de triple sec.
3. Ajoutez 80 g de vin blanc très frais.
4. Complétez avec 40 g de soda (ou de limonade si le vin est trop sec).

**FANCIES**

# Cup
COCKTAIL

1. Pelez la banane et le kiwi, coupez la banane dans le sens de la longueur et le kiwi en rondelles, et mettez-les dans la grande coupe (ou bowl) avec quelques cerises au marasquin.
2. Versez la liqueur d'abricot sur les fruits.
3. Ajoutez la vodka citron.
4. Au moment de servir, complétez avec le mousseux, puis décorez avec une brochette de fruits : cerise, banane et kiwi en rondelles.

**FANCIES**

## Sangria 8 New F.

20 g de mélange aromatique
80 g de vouvray
10 g de rhum
40 g de Schweppes

Se prépare directement dans le verre à eau. Accompagne bien les desserts. (Voir page 272.)

## Sangria 9 New F.

20 g de mélange aromatique
80 g de mousseux brut
10 g de vodka pêche
20 g de Schweppes

Se prépare dans le verre à eau. Excellent en apéritif ou comme accompagnement de fruits de mer.

## Sangria 10 New F.

20 g de mélange aromatique
80 g de bordeaux blanc, sec ou doux
10 g de cognac
10 g de triple sec
40 g de soda ou de limonade

Se prépare directement dans le verre à eau. Accompagnement : avec vin sec et soda, viandes blanches ou paella ; avec vin moelleux et Schweppes, tous les desserts.

## Sangria 11 New F.

20 g de mélange aromatique
80 g de pinot blanc
10 g d'apricot brandy
40 g de Schweppes

Se prépare dans le verre à eau. Accompagnement : hors-d'œuvre en général.

## Sangria 12 New F.

10 g de mélange aromatique
80 g de chardonnay
10 g d'Amaretto di Saronno
40 g de Schweppes à l'orange

Se prépare dans le verre à eau. Peut se boire en apéritif ou à n'importe quel moment de la journée.

**FANCIES**

## *Sara* COCKTAIL CHAMPAGNE

3/4 de flûte de champagne brut
2 cuillerées de jus de pamplemousse
1 cuillerée de liqueur Sabra

Se prépare directement dans la flûte refroidie. (Sabra : liqueur parfumée à l'orange et au cacao, produite en Israël.)

## *Scotch Dalmor* SOUR

4/6 de whisky pur malt
1/6 de citron pressé
1/6 de Suze
2 cuillerées de sirop de sucre

Se prépare dans le shaker avec quelques glaçons. Se sert dans le grand verre à cocktail ou dans le verre à vin. Si vous ajoutez des glaçons, servez dans le petit tumbler.

## *Sherry Mavis* FANCY

3/6 de V-8 (jus de légumes)
2/6 de sherry dry
1/6 de jus de citron
un trait de ketchup
quelques gouttes de tabasco
une pincée de sel

Se prépare dans le grand tumbler avec quelques glaçons ou, si les ingrédients ne sont pas suffisamment froids, dans le shaker.

## *Shirley Temple 2* SANS ALCOOL

une petite bouteille de ginger ale
1 cuillerée de sirop de fraise
un trait de sirop de framboise

Pour décorer : quelques fraises.

Se prépare dans le grand tumbler avec des glaçons. Décorez avec quelques fraises.

## *Skiwasser* SANS ALCOOL

3/4 de petite bouteille de Schweppes
4 cuillerées de sirop de framboise
un citron pressé

Se prépare dans le grand tumbler avec quatre ou cinq glaçons. Décorez avec une tranche de citron.

**FANCIES**

## *Sparkling Love* COCKTAIL CHAMPAGNE

3/4 de coupe de champagne brut
1 cuillerée de Parfait Amour
2 cuillerées de jus de raisin

Pour décorer : deux grains de raisin.

Se prépare directement dans la coupe très froide. Décorez avec deux grains de raisin posés sur le bord du verre.

## *Sweet Angers* FIZZ

5/6 de Cointreau
1/6 de citron pressé
quelques gouttes de sirop de rose
1 cuillerée de blanc d'œuf
un trait d'eau de Seltz

Se prépare dans le shaker avec quelques glaçons. Se sert dans le verre à vin avec un trait d'eau de Seltz.

## *Taglio-Abricot* SANS ALCOOL

4 cuillerées de glace à l'abricot
1/5 de petite bouteille de Schweppes

Pour décorer : agrumes, fruits frais ou au sirop.

Se prépare dans le verre à eau ou dans le tumbler. Se sert avec des chalumeaux et une cuiller longue. Décorez avec des fruits frais ou au sirop (facultatif).

## *Taglio-Citron* SANS ALCOOL

4 cuillerées de glace au citron
1/5 de petite bouteille de soda ou d'eau de Seltz

Mettez la glace au citron dans le verre à eau ou dans le tumbler et ajoutez l'eau gazeuse. Servez avec des chalumeaux et une cuiller à long manche.

## *Taglio-Orange* SANS ALCOOL

4 cuillerées de glace à l'orange
1/5 de petite bouteille d'orangeade

Se prépare dans le verre à eau ou dans le tumbler. Se sert avec des chalumeaux et une cuiller longue.

◀ De gauche à droite : Griffith (p. 238), Bullshot (p. 214), Caipirinha New Fashion (p. 214).

# 37.

# *Old Fashioned*

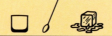

40 g de bourbon
un petit morceau de sucre
deux gouttes d'Angostura
un trait de soda ou d'eau de Seltz

Pour décorer : une demi-tranche d'orange, une demi-tranche de citron et une petite cerise.

Posez le sucre dans le fond du petit tumbler ; versez dessus l'Angostura, puis le soda. Faites dissoudre avec la cuiller-pilon, ajoutez deux ou trois cubes de glace et versez le bourbon. Décorez avec une demi-tranche d'orange, une demi-tranche de citron et une petite cerise.

**FANCIES**

## *Taglio-Fraise*  SANS ALCOOL (ph. p. 228)

4 cuillerées de glace à la fraise
1 cuillerée de sirop de fraise
1/5 de petite bouteille de Schweppes

Se prépare directement dans le verre à eau ou dans le tumbler. Se sert avec des chalumeaux et une cuiller longue.

---

## *Taglio-Menthe*  SANS ALCOOL

4 cuillerées de glace à la noix de coco
1 cuillerée de sirop de menthe
1/5 de petite bouteille de soda

Se prépare dans le verre à eau ou dans le tumbler. Se sert avec des chalumeaux et une cuiller longue.

---

## *Talbot*  COCKTAIL CHAMPAGNE

5/6 de flûte de champagne brut
1/6 d'Akadama Plum Wine
un trait de Cointreau

Pour décorer : une demi-tranche d'orange.

Se prépare directement dans la flûte ou dans la coupe. Décorez avec une demi-tranche d'orange.

---

## *Tequila Frozen*  FROZEN

4/5 de tequila
1/5 de citron vert pressé
1 cuillerée de sirop de sucre
un trait de marasquin
2 cuillerées de glace pilée

Se prépare dans le mixer à la vitesse 2 pendant 10 secondes. Se sert dans le grand verre à cocktail.

---

## *Tiziano*  SPARKLING

3/4 de flûte de mousseux sec
1/4 de jus de raisin framboisé

Se prépare dans la flûte bien froide ou dans le verre à vin. Cette boisson (à déguster à la saison du raisin framboisé) est d'origine vénitienne.

**FANCIES**

## *Topka* SANGAREE

5/6 de vin rouge doux
1/6 de Schweppes
un trait de vodka ananas

Pour décorer : deux clous de girofle piqués dans une écorce d'orange.

Se prépare dans le verre à eau avec deux clous de girofle piqués dans une écorce d'orange.

## *Tracy* FANCY

4/6 de lait froid
1/6 de crème de coco
1/6 de vodka menthe

Pour décorer : une pousse de menthe.

Se prépare directement dans le grand tumbler avec des glaçons.

## *Tropical* SANS ALCOOL

120 g de lait froid
2 cuillerées de sirop d'orgeat
2 cuillerées de sirop de menthe

Se prépare dans le grand tumbler avec quelques glaçons.

## *Tropico* FANCY

120 g de lait froid
2 cuillerées de cachaca
2 cuillerées de liqueur d'ananas
1 cuillerée de liqueur d'amande

Pour décorer : un morceau d'ananas sur le bord du verre.

Se prépare dans le grand tumbler avec des glaçons. Se sert avec des chalumeaux.

## *Venice And You* FANCY

4/6 de mousseux sec
1/6 de Suze
1/6 de cognac
un trait de sirop de rose

Pour décorer : une tranche de poire, d'orange, et un pétale de rose.

Se prépare dans le verre à orangeade avec des glaçons.

## *Venice Remember*  FANCY

*3/4 de champagne*
*1/4 de Suze*
*un trait de grappa au miel*

Pour décorer : une fleur des champs.

Se prépare avec des glaçons dans le verre à orangeade, avec une fleur enfilée dans un chalumeau.

## *Vip Voice*  FANCY

*4/6 de vodka citron*
*1/6 de sirop de kiwi*
*1/3 de petite bouteille de Schweppes*
*1/6 de vodka rouge*

Pour décorer : une rondelle de kiwi et une cerise au marasquin.

Mettez quatre ou cinq cubes de glace dans le grand tumbler ; versez la vodka au citron et le Schweppes ; mélangez pendant quelques instants. Ajoutez ensuite (sans mélanger) le sirop de kiwi, la rondelle de kiwi et la cerise ; enfin, très doucement, versez en surface la vodka rouge.

## *Vodka Pink*  SOUR

*4/6 de vodka*
*1/6 de grenadine*
*1/6 de citron pressé*
*sirop de sucre (facultatif)*

Pour décorer : une petite cerise.

Se prépare dans le shaker avec des glaçons. Se sert, glace comprise, dans le petit tumbler. Décorez avec une cerise.

## *Winston*  SOUR

*3/5 de bourbon*
*1/5 de marasquin*
*1/5 de citron pressé*
*un trait d'eau de Seltz (facultatif)*

Se prépare dans le shaker avec quelques glaçons. Se sert dans le petit tumbler avec une cerise au marasquin.

◀ *De gauche à droite : Pompelmo 1 (p. 261), Ananas 1 (p. 200), Melon 4 (p. 255).*

**FANCIES**

## *Yehudi* ZOMBIE

50 g de rhum blanc
20 g de rhum Saint-James ambré
20 g de sirop de fraise
20 g de jus de maracujà
20 g d'apricot brandy
10 g de Cointreau
20 g de citron pressé
20 g de rhum à 75°

Pour décorer : quartiers d'orange et de citron, cerises au marasquin.

Sauf le rhum à 75° que vous ajouterez en surface (après la décoration d'agrumes), versez les ingrédients dans le verre à pastis avec quatre ou cinq glaçons. Mélangez pendant quelques instants à l'aide du batteur ou de la cuiller. Servez avec des chalumeaux.

## *Zingaro* ZOMBIE

50 g de vodka citron glacée
30 g de cognac framboise
20 g de Cointreau
20 g de sirop de papaye
30 g de jus d'ananas
un citron vert pressé
20 g de rhum à 75° (à ajouter après la décoration, en surface, et sans mélanger)

Pour décorer : morceaux d'ananas, tranches de citron vert et cerises rouges.

Se prépare, avec des glaçons, dans le verre à pastis ou dans le verre à orangeade. Décorez avec des petits morceaux d'ananas, des tranches de citron vert et des cerises rouges. Servez avec des chalumeaux.

# Long drinks

Mist • Daisies •
Highballs • Punches • Rickeys •
Swizzles •
Coolers • Slings • Collins •
Cocktails « allongés »

**LONG DRINKS**

Dans cette catégorie de cocktails sont inclus les drinks « allongés », c'est-à-dire des short drinks de tout type, anciens ou nouveaux, qui, allongés d'eau gazeuse ou de vin mousseux, peuvent devenir d'agréables long drinks à offrir à toute heure du jour, y compris à celle de l'apéritif. Ce sont des cocktails rénovés, appréciés depuis longtemps pour leur combinaison harmonieuse, avec l'ajout final de soda, de tonic, de ginger ale (ou autres produits, selon le drink) et, naturellement, à base de vin mousseux : brut, demi-sec ou doux. Les doses des ingrédients (sans l'ajout final) reste les mêmes : 60 g environ.

## *Adonis* ALLONGÉ

2/3 de sherry dry
1/3 de vermouth rouge
un trait d'orange bitter
1/3 de petite bouteille de ginger ale

Pour décorer : une tranche d'orange.

Se prépare dans le grand tumbler avec quatre ou cinq glaçons. Versez les ingrédients dans l'ordre indiqué.

## *Aelfrie* DAISY (ph. p. 294)

4/5 de kirsch
1/5 de sirop de cédrat
un demi-citron vert pressé
une demi-bouteille de limonade ou de soda

Pour décorer : un quartier de cédrat et une cerise au marasquin.

Se prépare dans le shaker avec de la glace grossièrement broyée. Servez dans le grand tumbler ; ajoutez la limonade et la décoration.

## *Aerobica* LONG DRINK

4/6 de tomate pressée
1/6 d'Amaretto di Saronno
1/6 de sirop de fraise
1/3 de bouteille de soda

Se prépare dans le grand tumbler avec des glaçons. Décorez avec un quartier de pamplemousse, une cerise et une pousse de menthe.

## *Alaska* ALLONGÉ

3/4 de gin
1/4 de Chartreuse jaune
1/2 bouteille de Schweppes

Se prépare dans le grand tumbler avec des glaçons.

*De gauche à droite :* ▶
*Alison (p. 288), Amyas (p. 288), Azzurra (p. 293).*

**LONG DRINKS**

## *Alberto Sordi* LONG DRINK (ph. p. 308)

*40 g de rhum blanc*
*10 g de sirop de framboise*
*60 g de pamplemousse pressé*
*50 g de champagne*

Pour décorer : une rondelle de kiwi, une cerise au marasquin et une fleur enfilée dans un chalumeau.

Se prépare dans le grand tumbler avec des glaçons.

## *Algernon* SLING

*4/5 de gin*
*1/5 de Bénédictine*
*deux traits d'Angostura*
*un demi-citron pressé*
*une demi-bouteille de Schweppes*

Pour décorer : une tranche de citron.

Se prépare dans le grand tumbler (ou verre à orangeade) avec des glaçons.

## *Alison* SLING (ph. p. 287)

*3/5 de gin*
*2/5 de marasquin*
*deux traits d'Angostura*
*un demi-citron pressé*
*une demi-bouteille de soda*

Pour décorer : une tranche de citron et une cerise au marasquin.

Se prépare dans le grand tumbler avec des glaçons. Peut aussi être préparé dans le shaker (sans le soda que l'on ajoutera au dernier moment).

## *Amyas* RICKEY (ph. p. 287)

*4/5 d'eau-de-vie de framboise*
*1/5 de sirop de framboise*
*un citron vert pressé*
*deux traits de soda*

Se prépare dans le tumbler (moyen ou petit) avec de gros morceaux de glace. Facultatif : une cuillerée de sucre. Décorez avec une spirale d'écorce de citron vert.

**LONG DRINKS**

## *Angel Face* ALLONGÉ

1/3 de gin
1/3 de calvados
1/3 d'apricot brandy
une demi-bouteille de Schweppes

Pour décorer : un demi-abricot au sirop.

Se prépare dans le grand tumbler avec des glaçons. Décorez avec un demi-abricot au sirop.

## *Anthea* DAISY

4/5 de brandy
1/4 de sirop de framboise
un demi-citron pressé
une demi-bouteille de Schweppes

Pour décorer : une tranche de citron.

Se prépare dans le shaker avec de gros morceaux de glace, sans le soda que vous ajouterez au moment de servir, dans le verre à eau ou à orangeade.

## *Arabella* LONG DRINK

4/5 de cognac framboise
1/5 de jus de maracujà
une demi-bouteille de Schweppes

Pour décorer : une tranche de citron.

Se prépare dans le grand tumbler avec quelques glaçons.

## *Asa* COOLER

3/4 de vodka pêche
1/4 d'apricot brandy
une demi-bouteille de ginger ale

Pour décorer : quartiers de pomme, d'orange et d'abricot.

Se prépare dans le grand tumbler avec des glaçons. (Voir page 354.)

## *Old Pal*

*1/3 de rye whiskey*
*1/3 de Martini dry*
*1/3 de bitter Campari*

Se prépare dans le verre à mélange avec quelques glaçons. Se sert dans la coupe à cocktail bien froide.

## LONG DRINKS

## *Astrophel* COOLER

4/5 de vodka
1/5 de Parfait Amour
quelques gouttes de sirop de framboise
une demi-bouteille de Schweppes orange

Pour décorer : rondelles de banane et quartiers d'orange épluchés.

Se prépare dans le grand tumbler avec des glaçons.

## *Audrey* DAISY

2/3 de calvados
1/3 de gin
un demi-citron pressé
1 cuillerée de sirop de sucre
deux traits de grenadine
une demi-bouteille de soda

Pour décorer : un quartier de pomme, d'orange et de citron.

Se prépare dans le shaker avec de gros morceaux de glace (sauf le soda que vous ajouterez au moment de servir). Servez dans le verre à eau avec la glace restante.

## *Aylwin* PUNCH (ph. p. 294)

2/3 de rhum blanc
1/6 de curaçao
1/6 de Cointreau
deux traits d'Angostura
deux traits de grenadine
un demi-citron pressé

Pour décorer : un quartier d'orange, de citron vert et une cerise.

Se prépare dans le shaker avec de gros morceaux de glace ; se sert dans le grand tumbler (glace comprise) avec des chalumeaux. Pour plusieurs personnes, préparez cette boisson dans la grande coupe avec un bloc de glace.

## *Azalée* LONG DRINK

3/4 de Pimm's n° 1
1/4 de rhum blanc
un citron vert pressé
un trait de sirop de rose
une demi-bouteille de 7 Up

Se prépare dans le grand tumbler avec quelques glaçons. Décorez avec une tranche de citron vert et une rose enfilée dans une paille.

**LONG DRINKS**

## *Azzurra* LONG DRINK (ph. p. 287)

*3/6 de Cinzano blanc*
*2/6 de curaçao bleu*
*1/6 de gin*
*deux traits de jus de citron*
*mousseux brut à volonté*

Pour décorer : deux boules de pomme, une cerise et une rondelle de kiwi enfilées sur une brochette en bois.

Se prépare dans le grand tumbler avec des glaçons. Recueillez les boules de pomme avec le couteau à fruits.

## *B.B.B.* LONG DRINK

*20 g de Bénédictine*
*20 g de cognac*
*160 g de bière blonde froide*

Se prépare directement dans le grand tumbler.

## *Bamboo* ALLONGÉ

*30 g de sherry dry*
*30 g de vermouth dry*
*un trait d'orange bitter*
*1/3 de bouteille de Schweppes orange*

Pour décorer : une tranche d'orange.

Se prépare dans le grand tumbler avec des glaçons.

## *Bangor* MIST

*3/5 de cognac*
*2/5 de Grand Marnier*
*glace pilée*

Se prépare dans le tumbler moyen rempli de glace pilée.

**LONG DRINKS**

## *Banks* LONG DRINK

2/3 de gin
1/3 de Chartreuse jaune
deux traits de sirop d'orgeat
deux traits de grenadine
une demi-bouteille de Schweppes

Pour décorer : une tranche de citron
et une cerise au marasquin.

Se prépare dans le grand tumbler
avec des glaçons. Décorez avec une
tranche de citron et une cerise au
marasquin.

## *Barbara Aerobic* LONG DRINK

4/5 de rhum Saint-James blanc
1/5 de sirop de cédrat
un pamplemousse pressé
Schweppes citron à volonté

Pour décorer : un quartier de
pamplemousse, une cerise rouge et de
la menthe fraîche.

Se prépare dans le grand tumbler
avec quelques glaçons. Se sert avec
un chalumeau.

## *Barcarola New Fashion* LONG DRINK

3/6 de Pernod
2/6 de liqueur de menthe blanche
1/6 de curaçao bleu
eau à volonté

Pour décorer : une pousse de menthe.

Se prépare dans le grand tumbler
avec quelques glaçons.

## *Baroda* COOLER

2/3 de cognac
1/3 de whisky au miel
une demi-bouteille de ginger ale

Pour décorer : quartiers de poire, de
pomme, d'orange, de citron, et deux
cerises au marasquin.

Se prépare dans le grand tumbler
avec quelques glaçons.

◂ De gauche à droite :
Copacabana (p. 314), Aylwin (p. 292), Alfrie (p. 196).

## 39.

# Orange Blossom

*1/2 de gin*
*1/2 de jus d'orange*

Agitez dans le shaker avec quelques glaçons. Servez dans la coupe à cocktail.

**LONG DRINKS**

## *Bath* DAISY

5/6 de canadian whisky
1/6 de sirop de cédrat
un demi-citron pressé
une demi-bouteille de Schweppes

Pour décorer : un quartier de cédrat
ou de citron.

Se prépare dans le grand tumbler
avec des glaçons. Décorez avec un
quartier de cédrat ou de citron.


## *Bâton Rouge* COOLER

40 g de calvados
10 g de liqueur Galliano
une bouteille de jus de pomme
Schweppes à volonté

Pour décorer : quartiers de pomme et
de poire et deux cerises au marasquin.

Se prépare dans le grand tumbler
avec des glaçons. Servez avec des
chalumeaux.


## *Bedford* LONG DRINK

3/6 de gin
2/6 de Cointreau
1/6 de liqueur Galliano
un pamplemousse pressé
une demi-bouteille de Schweppes

Pour décorer : une tranche de citron
et d'orange.

Se prépare dans le grand tumbler
avec des glaçons.


## *Belfast* LONG DRINK

4/6 d'irish whiskey
1/6 de curaçao bleu
1/6 de citron pressé
une demi-bouteille de ginger ale

Pour décorer : une tranche d'orange
et de citron.

Se prépare dans le grand tumbler
avec des glaçons.

**LONG DRINKS**

## *Belize* LONG DRINK

3/5 de scotch
1/5 de crème de cassis
1/5 de sirop de sucre
un demi-citron pressé
une demi-bouteille de Schweppes

Pour décorer : une tranche de citron
et une cerise au marasquin.

Se prépare dans le grand tumbler
avec des glaçons. Décorez avec une
tranche de citron et une cerise au
marasquin.

## *Ben Nevis* SWIZZLE

4/6 de rye whiskey
1/6 de citron vert pressé
1/6 de liqueur Galliano
Schweppes à volonté

Pour décorer : une tranche de citron
vert et une pousse de menthe.

Se prépare dans le grand tumbler
avec des glaçons. Se sert avec le
batteur en plastique (ou swizzle).

## *Bénarès* LONG DRINK

3/6 de vodka
2/6 de curaçao
1/6 de sirop de framboise
1/3 de bouteille de Schweppes
citron

Pour décorer : une tranche de citron
et une cerise rouge.

Se prépare dans le grand tumbler
avec des glaçons.

## *Bentley* ALLONGÉ (ph. p. 301)

30 g de calvados
30 g de Dubonnet
deux traits de crème de cassis
une demi-bouteille de Schweppes

Pour décorer : un quartier de pomme
et une cerise au marasquin.

Se prépare dans le grand tumbler
avec des glaçons. Servez avec des
chalumeaux.

**LONG DRINKS**

## *Berkeley* LONG DRINK

100 g de ginger ale
80 g de bière blonde
40 g de bourbon

Se prépare dans le grand tumbler.
Versez d'abord le whiskey, puis les
autres ingrédients.

## *Betty* COOLER (ph. ci-contre)

3/6 de rhum blanc
2/6 de vodka ananas
1/6 d'Amaretto di Saronno
une demi-bouteille de limonade

Pour décorer : quartiers de poire, de
pomme, d'orange et de citron.

Se sert dans le grand tumbler avec
des glaçons et un chalumeau.

## *Beverley* LONG DRINK

50 g de jus d'ananas frais
20 g de liqueur de banane
bière blonde froide

Se prépare dans le grand tumbler.
Versez les deux premiers ingrédients
et complétez avec de la bière fraîche.

## *Black Velvet* LONG DRINK

1/2 de champagne brut
1/2 de bière brune fraîche

Se prépare dans le verre à
orangeade.

## *Block And Fall* ALLONGÉ

1/3 de cognac
1/3 de Cointreau
1/6 de calvados
1/6 de Pernod
une orange pressée
3 cuillerées de glace pilée

Se prépare dans le shaker avec
quelques glaçons. Se sert dans le
grand tumbler avec de la glace pilée
et un chalumeau. Décorez avec
quelques quartiers d'orange et une
cerise.

*De gauche à droite : Bentley (p. 299),
Bourbon & Ginger (p. 303), Betty (p. 300).*

## Blue Beryl LONG DRINK

3/6 de tequila  
2/6 de Parfait Amour  
1/6 de curaçao bleu  
*deux traits de liqueur de menthe*  
*une demi-bouteille de limonade*

Pour décorer : une tranche de citron et une cerise au marasquin.

Se prépare dans le grand tumbler avec quelques glaçons.

## Blue Bird MIST

*4/5 de curaçao bleu*  
*1/5 d'Izarra verte*  
*un trait d'Unicum*  
*glace pilée*

Pour décorer : une cerise au marasquin.

Remplissez le tumbler moyen avec de la glace pilée ; versez ensuite les liqueurs et mélangez pendant quelques instants. Décorez avec une cerise au marasquin.

## Blue Girl LONG DRINK

*3/4 de curaçao bleu*  
*1/8 de gin*  
*1/8 de citron pressé*  
*une demi-bouteille de Schweppes*

Se prépare dans le grand tumbler avec des glaçons. Décorez avec une tranche de citron et une cerise au marasquin.

## Boise LONG DRINK

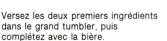

*20 g de marasquin*  
*20 g de kirsch*  
*bière blonde froide*

Versez les deux premiers ingrédients dans le grand tumbler, puis complétez avec la bière.

## Boston LONG DRINK

*2/3 de rye whiskey*  
*1/6 de marasquin*  
*1/6 d'Amer Picon*  
*une demi-bouteille de ginger ale*

Pour décorer : une tranche d'orange.

Se prépare dans le grand tumbler avec des glaçons.

**LONG DRINKS**

## *Bourbon And Ginger* HIGHBALL (ph. p. 301)

40 g de bourbon
ginger ale à volonté

Se prépare dans le grand tumbler avec des glaçons.

## *Brandy And Ginger* HIGHBALL

40 g de cognac
2/3 de bouteille de ginger ale
un zeste de citron pressé en surface

Se prépare dans le grand tumbler avec des glaçons. Boisson simple et facile à préparer.

## *Brandy Mist* MIST

40 g de cognac
glace pilée

Pour décorer : un long zeste de citron.

Remplissez le tumbler moyen avec de la glace pilée ; versez le cognac et mélangez avec le batteur.

## *Brasilia* LONG DRINK

3/4 de cachaca
1/4 de sirop de papaye
deux traits de liqueur de vanille
deux traits de maracujà
une demi-bouteille de limonade ou de Schweppes

Se prépare dans le grand tumbler avec des glaçons.

Pour décorer : un quartier de papaye et d'ananas.

## *Bronx* ALLONGÉ

1/3 de gin
1/3 d'orange pressée
1/6 de vermouth dry
1/6 de vermouth doux
une demi-bouteille de Schweppes

Se prépare dans le grand tumbler avec des glaçons.

Pour décorer : une tranche d'orange et une cerise au marasquin.

## 40.

# *Oriental*

2/4 de rye whiskey
1/4 de vermouth rouge
1/4 de curaçao blanc
2 cuillerées de jus de citron frais

Se prépare dans le shaker avec des glaçons. Agitez énergiquement. Servez dans le grand verre à cocktail ou dans le tumbler moyen avec de la glace. (Dans ce dernier cas, la boisson est dite « on the rocks ».)

**LONG DRINKS**

## *Brooklyn* ALLONGÉ

2/3 de rye whiskey
1/6 de vermouth rouge
1/6 de marasquin
un trait d'Amer Picon
2/3 de bouteille de ginger ale

Pour décorer : une tranche d'orange et une cerise rouge.

Se prépare dans le grand tumbler avec des glaçons.

## *Brown* LONG DRINK

4/6 de bourbon
1/6 de porto blanc
1/6 de liqueur de banane
une demi-bouteille de ginger ale

Pour décorer : un petit morceau de banane, une cerise et une pousse de menthe.

Se prépare dans le grand tumbler avec beaucoup de glaçons. Se sert avec un chalumeau.

## *Cabell* LONG DRINK

1/3 de gin
1/3 de cherry brandy
1/3 de pamplemousse pressé
une demi-bouteille de Schweppes pamplemousse

Pour décorer : un quartier de pamplemousse et une cerise au marasquin.

Se prépare dans le grand tumbler avec des glaçons. Se sert avec un chalumeau.

## *Cabot* LONG DRINK

3/8 de rhum
3/8 de jus d'ananas
1/8 de liqueur Galliano
1/8 de jus de maracujà
une demi-bouteille de Schweppes

Pour décorer : un quartier d'ananas et deux cerises au marasquin.

Se prépare dans le grand tumbler avec des glaçons.

## *Caithness* COOLER

2/3 de bourbon
1/3 de Drambuie
un trait de Fernet-Branca
une demi-bouteille de ginger ale

Pour décorer : quartiers de poire, de pomme, d'orange et une écorce de concombre.

Se prépare dans le grand tumbler avec des glaçons. Se sert avec des chalumeaux.

## *Calcutta* MIST

3/5 de vermouth blanc
1/5 de Cointreau
1/5 de bitter Campari
glace pilée

Pour décorer : une écorce d'orange.

Remplissez le tumbler moyen de glace pilée et versez-y les ingrédients. Servez avec une écorce d'orange.

## *California* LONG DRINK

2/3 d'apricot brandy
1/3 de rye whiskey
une orange pressée
une demi-bouteille de ginger ale

Pour décorer : une tranche d'orange, une cerise et une pousse de menthe.

Se prépare dans le grand tumbler avec des glaçons. Se sert avec des chalumeaux.

## *Camberra* LONG DRINK

2/3 de gin
1/6 de liqueur de banane
1/6 de triple sec
une demi-bouteille de Schweppes

Se prépare dans le grand tumbler avec des glaçons.

## *Cambridge* LONG DRINK

5/6 de gin
1/6 de mandarine Napoléon
une tangérine pressée
1/3 de bouteille de limonade ou de Schweppes

Pour décorer : un quartier de tangérine et une cerise au marasquin.

Se prépare dans le grand tumbler avec des glaçons. Se sert avec un chalumeau.

## *Camden* LONG DRINK

3/6 de bourbon
2/6 de Suze
1/6 de Dubonnet
une demi-bouteille de ginger ale

Se prépare dans le grand tumbler ou dans un verre à orangeade.

## *Canadian Mist* MIST

40 g de canadian whisky
glace pilée en abondance

Pour décorer : un zeste de citron.

Remplissez le tumbler moyen de glace pilée ; versez le whisky et mélangez pendant quelques instants.

## *Canton* COOLER

1/3 de poire williams
1/3 de vodka
1/3 de liqueur Galliano
une demi-bouteille de Schweppes

Pour décorer : poire et citron en quartiers, banane et kiwi en rondelles, et cerises au marasquin.

Se prépare dans le grand tumbler avec quelques glaçons. Décorez avec des fruits.

## *Caorlina* LONG DRINK

une boîte de jus de pamplemousse
40 g de Suze
10 g de bitter Campari
1/3 de bouteille de Schweppes

Pour décorer : une tranche d'orange.

Se prépare dans le grand tumbler avec des glaçons. Décorez avec une tranche d'orange.

◄ *De gauche à droite : Alberto Sordi (p. 288), Gatsby (p. 322), Galliano Mist (p. 323).*

**LONG DRINKS**

## *Cardiff* LONG DRINK

*3/5 de vodka*
*1/5 de Grand Marnier*
*1/5 de bitter Campari*
*un trait d'Unicum*
*1/3 de Schweppes orange*

Pour décorer : une tranche d'orange.

Se prépare dans le grand tumbler avec des glaçons. Décorez avec une tranche d'orange.

## *Carlisle* LONG DRINK

*1/3 de sirop d'orgeat*
*1/3 d'Amaretto di Saronno*
*1/3 de jus de pamplemousse*
*une demi-bouteille de Schweppes*

Se prépare dans le grand tumbler avec des glaçons.

## *Caroline* LONG DRINK

*4/6 de vermouth rouge*
*1/6 de vodka pêche*
*1/6 d'orange pressée*
*deux traits de crème de cassis*
*1/3 de bouteille de Schweppes*

Se prépare dans le grand tumbler avec des glaçons. Décorez avec deux quartiers de pêche.

## *Carrie* LONG DRINK

*4/6 de pamplemousse pressé*
*1/6 de Ricard*
*1/6 de sirop de fraise*
*une demi-bouteille de Schweppes*

Pour décorer : deux fraises.

Se prépare dans le grand tumbler avec quelques glaçons. Décorez avec deux fraises.

## *Carson* MIST (ph. p. 316)

*4/6 de tequila*
*1/6 de Cointreau*
*1/6 de curaçao bleu*
*glace pilée*

Pour décorer : une spirale d'écorce de citron.

Remplissez le tumbler moyen de glace pilée. Puis, avec des cubes de glace, agitez les trois ingrédients dans le shaker pendant quelques instants.

## *Casino* ALLONGÉ

4/6 de gin
1/6 de marasquin
1/6 de citron pressé
un trait d'orange bitter
une demi-bouteille de Schweppes

Pour décorer : une tranche d'orange
et de citron.

Se prépare dans le grand tumbler
avec des glaçons. Se sert avec un
chalumeau.

## *Charlotte* LONG DRINK

3/6 de gin
2/6 d'Izarra jaune
1/6 de grenadine
un demi-citron pressé
une demi-bouteille de Schweppes

Pour décorer : un quartier de
pamplemousse et une cerise au
marasquin.

Se prépare dans le grand tumbler
avec quelques glaçons.

## *Cheshire* LONG DRINK

1/4 de rhum
1/4 de marasquin
1/4 de jus d'ananas frais
1/8 de liqueur Galliano
1/8 de sirop de framboise
une demi-bouteille de Schweppes

Pour décorer : une tranche de citron,
une cerise et de la menthe fraîche.

Se prépare dans le grand tumbler
avec des glaçons. Se sert avec un
chalumeau.

## *Clover* LONG DRINK

5/6 de vodka menthe
1/6 de pastis
deux traits de curaçao bleu
eau à volonté

Pour décorer : une pousse de menthe.

Se prépare dans le grand tumbler
avec des glaçons.

# 41.

# Paradise

2/4 de gin
1/4 d'apricot brandy
1/4 de jus d'orange

Se prépare dans le shaker et se sert dans le grand verre à cocktail.

**LONG DRINKS**

## *Cocktail De L'Amour* SOUR

40 g de triple sec
un demi-citron vert pressé
une demi-cuillerée de miel d'acacia

Se prépare dans le shaker avec des glaçons. Se sert dans le grand verre à cocktail.

## *Colombia* LONG DRINK

4/5 de Cinzano rosé
1/5 d'apricot brandy
deux traits de sirop de papaye
une demi-bouteille de 7 Up

Pour décorer : un quartier de papaye et d'orange.

Se prépare dans le grand tumbler avec quelques glaçons. Décorez avec un quartier de papaye et d'orange.

## *Comus* COOLER

3/6 de rhum Saint-James Impérial blanc
1/6 de crème de coco
1/6 de sirop d'ananas
1/6 de grenadine
limonade ou Schweppes à volonté

Pour décorer : ananas frais et cerises au marasquin.

Se prépare dans le grand tumbler avec des glaçons. Se sert avec des chalumeaux.

## *Copacabana* LONG DRINK (ph. p. 294)

40 g de jus d'ananas
40 g de pamplemousse pressé
40 g d'orange pressée
20 g de liqueur Galliano
20 g de mandarine Napoléon
20 g de cognac framboise
un ou deux traits de Schweppes

Pour décorer : quartiers de fruits (frais et au sirop).

Se prépare dans le grand tumbler avec des glaçons. Décorez avec des quartiers de pêche, de poire, d'ananas, de pamplemousse, d'orange, des cerises au marasquin et une fleur glissée dans un chalumeau.

**LONG DRINKS**

## *Cuba Libre* HIGHBALL (ph. p. 316)

5/6 de rhum
1/6 de citron pressé
une demi-bouteille (ou plus) de
Coca-Cola

Pour décorer : une tranche de citron.

Se prépare directement dans le grand tumbler avec beaucoup de glace en morceaux.

## *Czarina* ALLONGÉ

2/4 de vodka
1/4 de vermouth dry
1/4 d'apricot brandy
une demi-bouteille de Schweppes orange

Pour décorer : une tranche d'orange.

Se prépare directement dans le grand tumbler avec beaucoup de glace en morceaux.

## *Dalhouise* LONG DRINK

2/5 de poire williams
2/5 de Cointreau
1/5 de liqueur Galliano
une demi-bouteille de Schweppes citron

Pour décorer : un quartier de poire et d'orange.

Se prépare dans le grand tumbler avec des glaçons. Décorez avec un quartier de poire et d'orange.

## *Dalkeith* LONG DRINK

2/4 de rye whiskey
1/4 de triple sec à l'orange
1/4 d'apricot brandy
une demi-bouteille de Schweppes orange

Pour décorer : une tranche d'orange et une pousse de menthe.

Se prépare dans le grand tumbler avec des glaçons. Décorez avec une tranche d'orange et une pousse de menthe fraîche.

**LONG DRINKS**

## *Dalton* LONG DRINK

4/6 de bourbon
1/6 de porto blanc
1/6 d'apricot brandy
une demi-bouteille de ginger ale

Pour décorer : une tranche d'orange.

Se prépare dans le grand tumbler avec quelques glaçons. Décorez avec une tranche d'orange.

## *Darwin* HIGHBALL

50 g d'Amer Picon
une demi-bouteille de Schweppes orange

Pour décorer : une tranche d'orange.

Se prépare dans le grand tumbler avec beaucoup de glaçons.

## *Dayton* LONG DRINK

3/5 de saumur
1/5 de poire williams
1/5 de bitter Campari
Schweppes orange à volonté

Pour décorer : un quartier d'orange et une fleur glissée dans un chalumeau.

Se prépare dans le grand tumbler avec quelques glaçons.

## *Denver* LONG DRINK

3/4 de gin
1/8 de sherry Cream (xérès)
1/8 de citron vert pressé
Schweppes à volonté

Sauf le Schweppes (que vous ajouterez au dernier moment dans le grand tumbler), se prépare dans le shaker avec des glaçons. Se sert avec la glace restante.

## *Des Moines* LONG DRINK

3/5 de canadian whisky
1/5 de Bénédictine
1/5 de bitter Campari
Schweppes orange à volonté

Pour décorer : une tranche d'orange.

Se prépare dans le grand tumbler avec quelques glaçons. Décorez avec une tranche d'orange.

◀ *De gauche à droite : Cuba Libre (p. 315), Carson (p. 310), Giulia (p. 327).*

**LONG DRINKS**

## *Detroit* SWIZZLE

3/6 de bourbon
2/6 de Drambuie
1/6 de bitter Campari
ginger ale à volonté

Se prépare dans le grand tumbler avec des glaçons et le batteur en plastique (ou swizzle).

---

## *Diana Dei* LONG DRINK

3/6 de bitter Campari
2/6 de Drambuie
1/6 de rhum blanc
2/3 de bouteille de Schweppes orange

Pour décorer : une tranche d'orange et une fleur.

Se prépare dans le grand tumbler avec des glaçons. Glissez la tige de la fleur dans un chalumeau.

---

## *Ealing* LONG DRINK

3/4 de Martini rosé
1/4 de crème de cassis
un trait d'Unicum
une demi-bouteille (ou plus) de Schweppes

Pour décorer : une spirale d'écorce de citron.

Se prépare dans le grand tumbler avec des glaçons.

---

## *Edy* MIST

3/4 de liqueur de menthe verte
1/4 de Pernod
eau, glace pilée

Remplissez le tumbler moyen avec de la glace pilée ; versez ensuite les liqueurs, l'eau, puis mélangez. Décorez avec une écorce de concombre.

---

## *Fay* LONG DRINK

200 g de bière blonde et froide
deux clémentines pressées
deux traits de vodka ananas

Se prépare dans le grand tumbler. Versez les ingrédients dans l'ordre indiqué.

## *Fiona* LONG DRINK

5/6 de gin
1/6 de crème de cassis
une demi-bouteille de Schweppes

Pour décorer : une tranche de citron.

Se prépare dans le verre à orangeade avec des glaçons. Décorez avec une tranche de citron.

## *Fior Di Maggio* LONG DRINK

3/4 de vodka citron
1/4 de vodka Chaskaya rouge
un trait de sirop de rose
Schweppes à volonté

Se prépare dans le grand tumbler avec de gros morceaux de glace. Décorez avec deux pétales de rose et une cerise au marasquin.

## *Flash* LONG DRINK

3/4 de brandy Fundador
1/4 de liqueur d'orange
1/3 de bouteille de ginger ale

Se prépare dans le grand tumbler avec des glaçons.

## *Flint* LONG DRINK

4/6 de Pimm's n° 1
1/6 de sirop de cédrat
1/6 de Pernod
une demi-bouteille de Schweppes

Pour décorer : une tranche de citron et une pousse de menthe.

Se prépare dans le grand tumbler avec des glaçons. Décorez avec une tranche de citron et une pousse de menthe.

## *Folkestone* LONG DRINK

2/3 de liqueur Galliano
1/3 de rhum blanc
une demi-bouteille de Schweppes citron

Pour décorer : une tranche de citron.

Se prépare dans le grand tumbler avec de gros morceaux de glace.

## 42.

# *Parisian*

*2/5 de gin*
*2/5 de vermouth dry*
*1/5 de crème de cassis*

Se prépare dans le verre à mélange avec un peu de glace et se sert dans la coupe à cocktail.

**LONG DRINKS**

## *For Ever* LONG DRINK

3/6 de Carpano blanc
2/6 de bitter Campari
1/6 d'orange pressée
1/5 de bouteille de Schweppes

Pour décorer : une tranche d'orange
et une cerise au marasquin.

Se prépare dans le grand tumbler
avec des glaçons. Décorez avec une
tranche d'orange et une cerise au
marasquin.

## *G.B. Wedding* LONG DRINK

une demi-bouteille de ginger ale
une demi-bouteille de bière blonde
deux traits d'Angostura
deux traits de Bénédictine

Se prépare dans le grand tumbler.
Versez les ingrédients, bien frais,
dans l'ordre indiqué.

## *Gatsby* COOLER (ph. p. 308)

3/4 de gin
1/8 de crème de banane
1/8 de curaçao bleu
une demi-bouteille de Schweppes
citron

Pour décorer : quartiers de citron, de
poire, de pomme, et quelques
rondelles de banane.

Se prépare dans le grand tumbler
avec des glaçons. Facultatif : cerises
au marasquin et une pincée de sucre
sur les fruits. Se sert avec un
chalumeau.

## *Gaelic* HIGHBALL

4/5 d'irish whiskey
1/5 de Drambuie
une demi-bouteille de ginger ale

Se prépare dans le grand tumbler
avec beaucoup de glaçons. Pressez
un zeste de citron en surface.

## *Gage* LONG DRINK

4/5 de cognac
1/5 de curaçao
deux traits d'Angostura
1/3 de bouteille de ginger ale

Pour décorer : tranches d'orange.

Se prépare dans le grand tumbler
avec quelques glaçons. Se sert avec
un chalumeau.

## *Gager* LONG DRINK

2/3 de slivovitz
1/3 de vodka citron
deux traits de Cointreau
une demi-bouteille de Schweppes citron

Pour décorer : une tranche de citron, d'orange, et une cerise au marasquin.

Se prépare dans le grand tumbler avec des glaçons. Se sert avec un chalumeau.

## *Galliano Mist* MIST (ph. p. 308)

40 g de liqueur Galliano
glace pilée en abondance
une spirale d'écorce de citron

Remplissez le tumbler moyen avec de la glace pilée ; versez la liqueur, puis mélangez. Décorez avec une longue spirale d'écorce de citron.

## *Garland* COLLINS

3/6 de grappa au miel
2/6 de mandarine Napoléon
1/6 de Drambuie
un demi-citron pressé
une demi-bouteille de Schweppes

Pour décorer : deux grains de raisin.

Se prépare dans le verre à orangeade avec des glaçons. Décorez avec deux grains de raisin.

## *Garner* LONG DRINK

3/6 d'irish whiskey
2/6 de Martini rosé
1/6 d'apricot brandy
une demi-bouteille de Schweppes

Se prépare dans le grand tumbler avec quelques glaçons. Décorez avec une tranche de citron et une cerise au marasquin.

## *Garnet* LONG DRINK

3/6 de gin
1/6 de Dubonnet
1/6 de Cointreau
1/6 de jus de pamplemousse
une demi-bouteille de ginger ale

Se prépare dans le grand tumbler avec quelques glaçons. Décorez avec une tranche d'orange et une cerise au marasquin.

**LONG DRINKS**

## *Gary* LONG DRINK

4/5 de canadian whisky
1/5 de bitter Campari
deux traits de marasquin
deux traits d'Angostura
Schweppes à volonté

Pour décorer : une tranche d'orange et une cerise au marasquin.

Se prépare dans le grand tumbler avec des glaçons. Ce cocktail est dédié au grand acteur américain Gary Cooper.

## *Gaunt* LONG DRINK

3/4 de poire williams
1/8 de mandarine Napoléon
1/8 de jus de raisin
une demi-bouteille de ginger ale

Pour décorer : quelques quartiers de poire, et des grains de raisin sur le bord du verre.

Se prépare dans le grand tumbler avec des glaçons. Se sert avec un chalumeau.

## *Gay Punch* PUNCH (ph. p. 346)

4/6 de kirsch
1/6 de marasquin
1/6 de citron vert pressé
1 cuillerée de sirop de sucre
Schweppes à volonté

Pour décorer : une demi-tranche d'orange, une demi-tranche de citron vert, et une cerise au marasquin.

Se prépare dans le shaker (sans le Schweppes) avec beaucoup de glace. Se sert dans le grand tumbler (glace comprise) en ajoutant le soda, un chalumeau, et la décoration.

## *Geiger* LONG DRINK

2/3 de vodka
1/6 de Ricard
1/6 de bitter Campari
Schweppes citron à volonté

Se prépare dans le grand tumbler avec beaucoup de glace broyée grossièrement.

*De gauche à droite : Gin Sling (p. 327), Gin Rosa New Fashion (p. 327), Mary Pickford (p. 340).*

**LONG DRINKS**

## Gerico LONG DRINK

4/6 de gin
1/6 de sirop de pamplemousse
1/6 de sirop de cédrat
une demi-bouteille de Schweppes

Pour décorer : un quartier de cédrat.

Se prépare dans le grand tumbler avec beaucoup de glace grossièrement broyée. Se sert avec un chalumeau.

## Gerould LONG DRINK

2/3 de porto blanc
1/6 de marasquin
1/6 de cherry brandy
une demi-bouteille de ginger ale

Pour décorer : trois cerises et des grains de raisin.

Se prépare dans le grand tumbler avec des glaçons. Décorez avec trois cerises et des grains de raisin.

## Gibbs COLLINS

3/5 de marasquin
2/5 de gin
un demi-citron pressé
une demi-bouteille de Schweppes

Se prépare dans le grand tumbler avec des glaçons. Décorez avec une tranche de citron et une cerise au marasquin. Une cuillerée de sirop de sucre est facultative.

## Gifford COOLER

3/5 de cognac
1/5 de liqueur de vanille
1/5 de cognac framboise
une demi-bouteille de ginger ale

Pour décorer : grains de raisin, framboises et fraises.

Se prépare dans le grand tumbler avec quelques glaçons. Se sert avec un chalumeau.

## Gin And Tonic HIGHBALL

50 g de gin
une demi-bouteille de tonic

Pour décorer : une tranche de citron.

Se prépare dans le grand tumbler avec des glaçons.

**LONG DRINKS**

## *Gin Rickey*  RICKEY

50 g de gin
un citron (ou un citron vert) pressé
Schweppes à volonté
un trait de grenadine ou de sirop de
sucre est facultatif

Se prépare dans le grand tumbler
avec des glaçons. Pressez un zeste
de citron (ou de citron vert) en
surface.

## *Gin Rosa New Fashion*  SWIZZLE (ph. p. 325)

3/4 de gin
1/8 de Suze
1/8 d'orange pressée
un trait de sirop de rose
Schweppes à volonté

Se prépare dans le grand tumbler
avec des glaçons. Se sert avec le
batteur (ou swizzle).

Pour décorer : quartiers d'orange et
de citron.

## *Gin Sling*  SLING (ph. p. 325)

50 g de gin
un citron vert (ou un citron) pressé
deux traits d'Angostura
sirop de sucre (facultatif)
une demi-bouteille de Schweppes

Sauf le Schweppes (que vous
ajouterez au dernier moment dans le
grand tumbler), versez les ingrédients
dans le shaker avec des glaçons.
Agitez pendant quelques instants.
Servez avec la glace restante.

## *Giulia*  LONG DRINK (ph. p. 316)

3/5 de saumur
1/5 de lait de coco
1/5 d'Amaretto di Saronno
1/3 de bouteille de Schweppes

Se prépare dans le grand tumbler
avec des glaçons. Se sert avec un
chalumeau.

Pour décorer : quartiers de noix de
coco et spirales d'écorce d'orange.

# Planters

1/2 de rhum blanc
1/2 de jus d'orange
cinq gouttes de citron

Se prépare dans le shaker avec des glaçons. Mélangez le rhum au jus des agrumes passé, puis agitez. Se sert dans le grand verre à cocktail.

**LONG DRINKS**

## *Golden Friend* COOLER

4/6 de vodka banane
1/6 de liqueur Galliano
1/6 de porto blanc
une demi-bouteille de ginger ale

Pour décorer : rondelles de banane, quartiers de citron, d'orange et de poire.

Se prépare dans le grand tumbler avec des glaçons. Se sert avec un chalumeau.

## *Green Beer* LONG DRINK

20 g de vodka ananas
20 g de curaçao bleu
180 g de bière blonde fraîche

Se prépare dans le grand tumbler. Versez les ingrédients dans l'ordre indiqué.

## *Green Collins* COLLINS

3/6 de gin
2/6 de curaçao bleu
1/6 de citron pressé
une demi-bouteille de Schweppes

Pour décorer : une tranche de citron et une cerise au marasquin.

Se prépare dans le grand tumbler avec des glaçons. Facultatif : une ou deux cuillerées de sirop de sucre.

## *Green Surgeon* LONG DRINK

30 g de liqueur de melon
20 g de sirop de kiwi
50 g d'ananas pressé
champagne brut frais

Pour décorer : un quartier de melon et d'ananas, une rondelle de kiwi et une cerise au marasquin.

Mettez quelques glaçons dans le shaker. Versez l'ananas (filtré à travers la passoire), la liqueur de melon, puis agitez pendant quelques secondes. Servez dans le grand tumbler, complétez avec le champagne. Ajoutez en dernier le sirop de kiwi, sans mélanger.

## *Hadley* LONG DRINK

2/4 de vodka
1/4 de cognac
1/4 de sirop de fraise
2/3 de bouteille de Schweppes

Pour décorer : une tranche de citron et quelques fraises.

Se prépare dans le grand tumbler avec beaucoup de glace grossièrement broyée. Servez avec un chalumeau.


## *Hawaiian 2* LONG DRINK

1/3 de rhum blanc
1/3 de liqueur Galliano
1/3 de sirop d'orgeat
une demi-bouteille de Schweppes
un trait de grenadine

Pour décorer : un quartier d'ananas et de pamplemousse, quelques cerises au marasquin et une pousse de menthe fraîche.

Se prépare dans le grand tumbler avec beaucoup de glace en morceaux. Servez avec un chalumeau. Décorez avec des fruits et une pousse de menthe fraîche.


## *Irving* LONG DRINK

2/6 de jus de mandarine
1/6 de jus de pomme
1/6 de jus d'ananas
2/6 de vodka Krepkaya
un trait de sirop de framboise
une demi-bouteille de Schweppes

Se prépare dans le grand tumbler avec beaucoup de glace en morceaux.


## *Jacob* MIST

4/5 d'irish whiskey
1/5 de liqueur Sabra
glace pilée

Pour décorer : spirales d'écorce de citron et d'orange.

Remplissez le tumbler moyen avec de la glace pilée ; versez le whiskey, la liqueur israélienne, puis mélangez avec le batteur.

**LONG DRINKS**

## *Jameson* LONG DRINK

*5/6 d'irish whiskey*
*1/6 de liqueur de vanille*
*un trait d'Unicum*
*une demi-bouteille de ginger ale*

Pour décorer : une tranche d'orange.

Se prépare dans le grand tumbler avec beaucoup de glaçons. Décorez avec une tranche d'orange.

## *Jantoreña* LONG DRINK

*40 g de rhum blanc*
*20 g de sirop de framboise*
*un demi-citron vert pressé*
*un demi-pamplemousse pressé*
*une demi-bouteille de Schweppes*

Pour décorer : cinq tranches de citron vert.

Se prépare dans le grand tumbler avec beaucoup de glace en morceaux. Posez les tranches de citron vert sur le bord du verre.

## *Jeffers* COOLER

*3/6 de tequila*
*2/6 de Cherry Heering*
*1/6 de citron vert pressé*
*une demi-bouteille de Schweppes*

Pour décorer : quartiers de citron vert, de pomme, de poire, et quelques cerises au marasquin.

Se prépare dans le grand tumbler avec quelques glaçons. Se sert avec un chalumeau.

## *Jenner* LONG DRINK

*1/3 de mandarine Napoléon*
*1/3 de rhum blanc*
*1/3 de sirop de kiwi*
*une demi-bouteille de Schweppes*

Pour décorer : une rondelle de kiwi et une cerise au marasquin.

Se prépare dans le grand tumbler avec beaucoup de glace taillée grossièrement.

*De gauche à droite : Marinella (p. 337), Mai Tai (p. 337), Noche De Amor (p. 347).* ▶

# Princeton

*2/3 de gin*
*1/3 de porto rouge*
*deux gouttes d'orange bitter*
*un zeste de citron*

Se prépare dans le verre à mélange avec tous les ingrédients, sauf l'écorce de citron. Servez dans la coupe à cocktail en retenant la glace avec la passoire à glaçons. Pressez le zeste de citron en surface.

**LONG DRINKS**

## *Landor* LONG DRINK

*4/5 de cognac*
*1/5 de miel d'acacia*
*deux gouttes de Pernod*
*ginger ale à volonté*

Versez le miel dans le grand tumbler et faites-le dissoudre avec du ginger ale. Ajoutez quatre ou cinq cubes de glace, le cognac, le Pernod, et complétez avec le reste de ginger ale.

## *Lesley* LONG DRINK

*1/3 de vodka*
*1/3 d'amaro*
*1/3 de bitter Rossi*
*une demi-bouteille de Schweppes orange*

Pour décorer : une tranche d'orange.

Se prépare dans le grand tumbler avec des glaçons. Décorez avec une tranche d'orange

## *Leslie* LONG DRINK

*3/5 de gin*
*2/5 de sherry dry*
*deux traits d'Angostura*
*quelques gouttes de citron*
*2/3 de bouteille de Schweppes*

Pour décorer : une tranche de citron.

Se prépare dans le verre à orangeade avec des glaçons. Décorez avec une tranche de citron.

## *Lorimar* LONG DRINK

*4/6 de vodka citron*
*1/6 de jus de maracujà*
*1/6 de sirop de mangue*
*une demi-bouteille de Schweppes*

Pour décorer : étoiles de carambola et spirales d'écorce de citron.

Se prépare dans le grand tumbler avec des glaçons. (Carambola : fruit exotique de couleur jaune dans lequel on peut tailler des étoiles parfaites pour la décoration de nombreuses boissons exotiques.)

**LONG DRINKS**

## *Louis* MIST

4/5 de curaçao bleu
1/5 de sirop d'orgeat
un trait de Marie-Brizard
glace pilée

Pour décorer : une spirale d'écorce de citron.

Se prépare dans le tumbler moyen. Remplissez de glace pilée et versez ensuite les ingrédients dans l'ordre indiqué.

## *Mai Tai* PUNCH (ph. p. 333)

2/3 de rhum blanc
1/3 de rhum Saint-James brun
2 cuillerées de sirop de sucre
2 cuillerées de sirop d'orgeat

Pour décorer : un petit morceau d'ananas, une cerise et une pousse de menthe.

Se prépare dans le tumbler moyen avec beaucoup de glace en morceaux. Pour préparer une variante de cette boisson, on peut remplacer le sirop de sucre par du curaçao et de la grenadine.

## *Manhattan* ALLONGÉ

40 g de canadian whisky
20 g de vermouth rouge
deux traits d'Angostura
ginger ale à volonté

Pour décorer : un quartier d'orange et une cerise au marasquin.

Se prépare dans le grand tumbler avec quelques glaçons.

## *Marinella* LONG DRINK (ph. p. 333)

3/6 d'Americano Gancia
2/6 d'apricot brandy
1/6 de lait de coco
1/3 de bouteille de Schweppes

Pour décorer : un demi-abricot au sirop et une cerise au marasquin.

Se prépare dans le grand tumbler avec des glaçons. Se sert avec un chalumeau.

## 45.

# Rob-Roy

*1/2 de scotch*
*1/2 de vermouth doux*
*deux gouttes*
*d'Angostura*

Pour décorer :
une cerise.

Se prépare dans le verre à mélange avec des glaçons. Versez les ingrédients et mélangez avec la cuiller à boisson. Servez dans la coupe à cocktail en retenant les glaçons. Décorez avec une cerise.

**LONG DRINKS**

## *Mary Pickford* ALLONGÉ (ph. p. 325)

30 g de jus d'ananas frais
20 g de rhum blanc
10 g de lait de coco
deux traits de grenadine
1/4 de bouteille de Schweppes pamplemousse

Pour décorer : des lamelles de noix de coco, une cerise et un quartier d'ananas.

Se prépare dans le grand tumbler avec beaucoup de glace en morceaux. Servez avec un chalumeau.

## *Matai* PUNCH (ph. p. 346)

20 g de rhum blanc
20 g de cognac
20 g de cognac framboise
10 g de liqueur Galliano
deux traits de grenadine
120 g de jus d'ananas

Pour décorer : un quartier d'ananas, une tranche d'orange, une cerise et une pousse de menthe.

Se prépare dans le grand tumbler avec beaucoup de glace en morceaux. Se sert avec un chalumeau.

## *Mexican* LONG DRINK

4/6 de tequila
1/6 de triple sec
1/6 de citron (ou citron vert) pressé
une demi-bouteille de Coca-Cola

Se prépare dans le grand tumbler avec des glaçons. Décorez avec une tranche de citron ou de citron vert.

## *Michelangelo* PUNCH

30 g d'armagnac
20 g de rhum blanc
10 g de mandarine Napoléon
quelques gouttes de Pernod
un demi-pamplemousse pressé

Pour décorer : un quartier de pamplemousse, une cerise au marasquin et une pousse de menthe.

Se prépare dans le grand tumbler avec beaucoup de glace en morceaux. Se sert avec un chalumeau.

**LONG DRINKS**

## *Milan & Turin* ALLONGÉ

30 g de bitter Campari
30 g de Carpano rouge
une demi-bouteille de Schweppes orange

Pour décorer : une tranche d'orange.

Se prépare dans le grand tumbler avec des glaçons.

## *Mildred* COOLER

2/4 de Cointreau
1/4 de jus de raisin
1/4 d'apricot brandy
Schweppes à volonté

Pour décorer : quartiers de pomme, d'abricot, de poire, d'orange, et grains de raisin.

Se prépare dans le grand tumbler avec des glaçons. Se sert avec un chalumeau.

## *Milk And Bourbon* PUNCH

100 g de lait froid
30 g de bourbon
1 cuillerée de sirop de sucre

Se prépare dans le shaker avec de gros morceaux de glace. Se sert dans le grand tumbler avec la glace restante.

## *Minnie* PUNCH

100 g de lait froid
30 g de Cointreau
10 g de liqueur de vanille
1 cuillerée (ou plus) de sirop de sucre.

Se prépare dans le shaker avec de gros morceaux de glace. Se sert dans le grand tumbler, glace comprise.

## *Mint Julep* ALLONGÉ

50 g de bourbon
10 g de liqueur de menthe verte
1 cuillerée de sirop de sucre
1/4 de bouteille de ginger ale

Pour décorer : une pousse de menthe.

Se prépare dans le grand tumbler avec de la glace pilée en abondance. Décorez avec une pousse de menthe.

# 46.

# Rose

*2/3 de vermouth dry*
*1/3 de kirsch*
*une demi-cuillerée de sirop de fraise*

Mettez tous les ingrédients dans le verre à mélange avec des glaçons. Mélangez pendant quelques secondes avec le batteur. Servez dans la coupe à cocktail.

**LONG DRINKS**

## *Mojito 1* LONG DRINK

*50 g de rhum blanc*
*un citron vert pressé*
*2 cuillerées de sirop de sucre*
*huit petites feuilles de menthe*
*une demi-bouteille de Schweppes*

Pour décorer : une pousse de menthe.

Dans le grand tumbler (préalablement refroidi), mélangez la menthe, le jus de citron vert et le sucre (en vous servant de la cuiller-pilon). Ajoutez beaucoup de glace en morceaux, le rhum, puis mélangez pendant quelques secondes ; complétez ensuite avec le Schweppes.

## *Mojito 2* LONG DRINK

*4/6 de rhum ambré*
*1/6 de Cointreau*
*1/6 de citron pressé*
*un trait de liqueur de menthe verte*
*une demi-bouteille de Schweppes*

Pour décorer : une pousse de menthe.

Se prépare dans le grand tumbler avec de la glace en morceaux. Décorez avec une pousse de menthe.

## *Monkey Gland* ALLONGÉ

*3/6 de gin*
*2/6 d'orange pressée*
*1/6 de grenadine*
*deux traits de Pernod*
*une demi-bouteille de Schweppes*

Pour décorer : une tranche d'orange.

Se prépare dans le grand tumbler avec des glaçons. Décorez avec une tranche d'orange.

## *Morag* LONG DRINK

*5/8 de saumur*
*2/8 de jus de pamplemousse*
*1/8 de Ricard*
*une demi-bouteille de Schweppes*

Pour décorer : une fleur des champs.

Se prépare dans le grand tumbler avec de gros morceaux de glace. Se sert avec deux chalumeaux, dans l'un desquels vous glisserez la tige de la fleur.

## *Moran* LONG DRINK

1/3 de rhum blanc
1/3 de Cointreau
1/3 de jus de maracujà
un trait de mandarine Napoléon
Schweppes à volonté

Se prépare dans le grand tumbler avec des glaçons. Se sert avec un chalumeau. Décorez avec une tranche de citron, d'orange, et une cerise au marasquin.

## *Moreen* PUNCH

150 g de lait froid
30 g de cognac
10 g de crème de cacao
10 g de liqueur Galliano

Se prépare dans le shaker avec beaucoup de glace en morceaux. Se sert dans le grand tumbler, glace comprise.

## *Muriel* MIST

5/6 de cachaca
1/6 de sirop d'orgeat
glace pilée

Pour décorer : une spirale d'écorce d'orange.

Remplissez le tumbler moyen de glace pilée ; versez ensuite les deux ingrédients et mélangez pendant quelques instants.

## *Natty's Pink* LONG DRINK

une boîte de jus de pamplemousse rose
40 g de liqueur d'orange
1/3 de soda

Pour décorer : un quartier de pamplemousse et d'orange.

Se prépare dans le grand tumbler avec des glaçons.

## *Negroni* ALLONGÉ

20 g de gin
20 g de bitter Campari
20 g de vermouth rouge
1/3 d'orangeade pétillante

Pour décorer : une tranche d'orange.

Se prépare dans le grand tumbler avec des glaçons. Pour ce type de cocktail, n'importe quelle orangeade peut être utilisée, à condition qu'elle soit pétillante.

**LONG DRINKS**

## *Nereo* COOLER

3/6 de Pimm's n° 1
2/6 de poire williams
1/6 de citron ou de citron vert pressé
1/3 de bouteille de Schweppes

Pour décorer : poire, pomme, orange et citron coupés en quartiers, et une cerise au marasquin.

Se prépare dans le grand tumbler avec des glaçons. Décorez avec des fruits.

## *Nicol* MIST

3/4 de Marie-Brizard
1/8 de liqueur de menthe
1/8 de curaçao bleu
glace pilée

Pour décorer : une spirale d'écorce d'orange et de citron.

Remplissez le tumbler moyen de glace pilée. Versez les trois liqueurs et mélangez pendant quelques instants avec le batteur avant de décorer.

## *Nina* LONG DRINK

2/3 de poire williams
1/3 de vodka citron
1/3 de jus de poire
un trait de grenadine
une demi-bouteille de Schweppes

Pour décorer : un quartier de poire, de citron, et une cerise au marasquin.

Se prépare dans le grand tumbler avec beaucoup de glace en morceaux.

## *Noche De Amor* LONG DRINK (ph. p. 333)

4/6 de Parfait Amour
1/6 de jus de maracujà
1/6 d'apricot brandy
1/3 de bouteille de Schweppes

Se prépare dans le grand tumbler avec des glaçons. Se sert avec un chalumeau. Décorez avec une étoile de carambola, un quartier de citron et une cerise rouge.

◀ *De gauche à droite : Rosa Del Rio (p. 364), Matai (p. 340), Gay Punch (p. 324).*

# Sidecar

2/4 de cognac
1/4 de Cointreau
1/4 de jus de citron

Se prépare dans le shaker avec quelques glaçons ; agitez rapidement. Servez dans la coupe à cocktail.

**LONG DRINKS**

## *Norman* LONG DRINK

3/6 de curaçao
2/6 de rhum
1/6 d'apricot brandy
un demi-citron pressé
une demi-bouteille de Schweppes

Pour décorer : une tranche d'orange,
de citron, et une cerise rouge.

Se prépare dans le grand tumbler
avec des glaçons. Se sert avec un
chalumeau.

## *Oasis* LONG DRINK

50 g de gin
10 g de curaçao bleu
une demi-bouteille de Schweppes

Pour décorer : une rondelle de citron,
une cerise et une pousse de menthe.

Se prépare dans le grand tumbler
avec des glaçons. Se sert avec un
chalumeau.

## *Odo* LONG DRINK

3/4 de jus de pomme
1/8 de cherry brandy
1/8 de calvados
1/4 de bouteille de Schweppes

Pour décorer : un quartier de pomme
et une cerise au marasquin.

Se prépare dans le grand tumbler
avec des glaçons. Se sert avec un
chalumeau.

## *Olaf* LONG DRINK

2/3 de Suze
1/6 de bitter Campari
1/6 d'orange pressée
une demi-bouteille de Schweppes

Pour décorer : une rondelle d'orange.

Se prépare dans le grand tumbler
avec des glaçons.

**LONG DRINKS**

## *Old Fashioned* ALLONGÉ

*50 g de bourbon*
*10 g de sirop de sucre*
*un trait de jus d'orange*
*un trait de jus de citron*
*un trait d'Angostura*
*1/4 de bouteille de ginger ale*

Pour décorer : un quartier de citron, d'orange, et deux cerises rouges.

Se prépare dans le grand tumbler avec beaucoup de glace en morceaux.

## *Old Pal* ALLONGÉ

*20 g de rye whiskey*
*20 g de Martini dry*
*20 g de bitter Campari*
*une demi-bouteille de ginger ale*

Pour décorer : une rondelle d'orange.

Se prépare dans le grand tumbler avec des glaçons. (Voir page 355.)

## *Orange Blossom* ALLONGÉ

*60 g de gin*
*une orange pressée*
*une demi-bouteille de Schweppes*

Pour décorer : une rondelle d'orange.

Se prépare dans le grand tumbler avec beaucoup de glace grossièrement pilée.

## *Orangemist* MIST

*3/4 de liqueur d'orange*
*1/4 de Cointreau*
*un trait d'Angostura*

Pour décorer : une spirale d'écorce d'orange et de la glace pilée.

Se prépare dans le tumbler moyen après l'avoir garni de glace pilée.

**LONG DRINKS**

## *Orea* LONG DRINK

2/3 de gin
1/6 d'Izarra jaune
1/6 de sirop de cédrat
une demi-bouteille de limonade

Pour décorer : un quartier de cédrat.

Se prépare dans le grand tumbler avec des glaçons. Décorez avec un quartier de cédrat.

## *Oriental* ALLONGÉ

2/3 de rye whiskey
1/3 de vermouth rouge
deux traits de curaçao blanc
une demi-bouteille de ginger ale

Pour décorer : une rondelle d'orange et une cerise au marasquin.

Se prépare dans le grand tumbler avec des glaçons. Décorez avec une rondelle d'orange et une cerise au marasquin.

## *Orsini* LONG DRINK

2/3 de gin
1/3 de bitter Campari
un trait d'Angostura
une demi-orange pressée
une demi-bouteille de Schweppes

Pour décorer : une rondelle d'orange.

Se prépare dans le grand tumbler avec des glaçons. Décorez avec une rondelle d'orange.

## *Orson* LONG DRINK

3/6 de Martini rouge
2/6 de rhum blanc
1/6 de cognac framboise
une demi-bouteille de Schweppes orange

Pour décorer : un quartier de citron et d'orange.

Se prépare dans le grand tumbler avec des glaçons. Décorez avec un quartier de citron et d'orange.

## *Palma* LONG DRINK (ph. p. 363)

3/6 d'ananas pressé
1/6 de sirop d'orgeat
1/6 de rhum blanc
1/6 de sirop de fraise

Pour décorer : un quartier d'ananas et de noix de coco.

Se prépare dans le grand tumbler avec beaucoup de glace en morceaux. Se sert avec un chalumeau.

## *Paradise* ALLONGÉ

2/4 de gin
1/4 d'apricot brandy
1/4 d'orange pressée
une demi-bouteille de Schweppes orange

Pour décorer : un quartier d'abricot et d'orange.

Se prépare dans le grand tumbler avec des glaçons. Décorez avec un quartier d'abricot et d'orange.

## *Parisian* ALLONGÉ

2/5 de gin
2/5 de vermouth dry
1/5 de crème de cassis
1/3 de bouteille de Schweppes

Pour décorer : une rondelle de citron et une cerise au marasquin.

Se prépare dans le grand tumbler avec des glaçons. Décorez avec une rondelle de citron et une cerise au marasquin.

## *Pas De Deux* LONG DRINK

4/5 de Pimm's n° 1
1/5 de Suze
une demi-bouteille de citronnade

Pour décorer : un quartier d'orange, de citron, et deux cerises.

Se prépare dans le grand tumbler avec de gros morceaux de glace. Ce cocktail est dédié au célèbre danseur et chorégraphe Rudolf Noureev.

**LONG DRINKS**

# *Asa*
COOLER

1. Pelez les fruits : orange, kiwi, banane, poire. Coupez-les en quartiers et en rondelles et disposez-les dans un plat creux ou dans un bowl.
2. Mettez quelques glaçons dans le grand tumbler, puis versez 40 g de vodka pêche et 20 g d'apricot brandy.
3. Ajoutez une demi-bouteille de ginger ale.
4. Décorez.

**LONG DRINKS**

# *Old Pal*
ALLONGÉ

1. Mettez quelques glaçons dans le grand tumbler et versez le whiskey (20 g).
2. Ajoutez le bitter Campari et le Martini dry.
3. Ajoutez ensuite le ginger ale (une demi-bouteille).
4. Mélangez pendant quelques instants et décorez avec une tranche d'orange.

**LONG DRINKS**

## *Paterson* LONG DRINK

4/6 d'Izarra jaune
1/6 de gin
1/6 de jus de maracujà
deux traits de grenadine
1/3 de bouteille de Schweppes

Pour décorer : une rondelle de citron.

Se prépare dans le grand tumbler avec beaucoup de glace grossièrement pilée.

## *Perey* LONG DRINK

3/6 de sambuca
2/6 de liqueur de menthe blanche
1/6 de grenadine
une demi-bouteille de Schweppes pamplemousse

Pour décorer : une pousse de menthe.

Se prépare dans le grand tumbler avec des glaçons. Décorez avec une pousse de menthe.

## *Perroquet* LONG DRINK

4/5 de Pernod
1/5 de sirop de menthe
eau glacée à volonté

Se prépare dans le grand tumbler. Quelques glaçons sont facultatifs.

## *Perroquet New Fashion* LONG DRINK

3/5 de Pernod
1/5 de gin
1/5 de liqueur de menthe verte
eau glacée à volonté

Se prépare dans le grand tumbler avec beaucoup de glace en morceaux. Se sert avec un chalumeau.

Pour décorer : une pousse de menthe.

**LONG DRINKS**

## *Pierre* LONG DRINK

3/6 de cognac
2/6 d'apricot brandy
1/6 de Suze
une demi-bouteille de Schweppes citron

Pour décorer : un quartier d'orange et de citron.

Se prépare dans le grand tumbler avec des glaçons.

## *Pimm's 1* COOLER

50 g de Pimm's n° 1
1/3 de bouteille de Schweppes citron

Pour décorer : orange, citron, poire et pomme coupés en quartiers, une écorce de concombre, deux cerises et une pousse de menthe.

Se prépare dans le grand tumbler avec des glaçons. Se sert avec un chalumeau.

## *Pink Pear* MIST

4/5 de poire williams
1/5 de Cherry Heering
glace pilée

Pour décorer : une spirale d'écorce de citron ou de citron vert.

Se prépare dans le tumbler moyen rempli de glace pilée.

## *Pink Pernod* MIST

4/5 de Pernod
1/5 de bitter Campari
glace pilée

Pour décorer : une spirale d'écorce d'orange.

Se prépare dans le tumbler moyen. Mettez d'abord la glace pilée, puis versez les ingrédients. Mélangez avec le batteur avant de décorer.

# Stinger

2/3 de cognac
1/3 de crème de menthe blanche

Se prépare dans le shaker avec des glaçons. Se sert dans la coupe à cocktail.

**LONG DRINKS**

## Pisco Punch PUNCH

3/4 d'Inca Pisco
1/8 de jus d'ananas
1/8 de jus de citron vert
un trait de grenadine
Schweppes à volonté

Pour décorer : un petit morceau d'ananas.

Se prépare dans le grand tumbler avec beaucoup de glace en morceaux. Décorez avec un petit morceau d'ananas.

## Pittsburgh MIST

3/6 de vodka
2/6 de liqueur de menthe verte
1/6 de Ricard
glace pilée

Pour décorer : spirales d'écorce de citron et d'orange.

Se prépare dans le tumbler moyen en mettant d'abord la glace pilée. Versez la vodka, le Ricard, et enfin, sans mélanger, la menthe.

## Planter's 1 PUNCH

50 g de rhum
30 g de citron (ou citron vert) pressé
1 cuillerée de grenadine
un trait d'Angostura
Schweppes à volonté

Pour décorer : un quartier de citron vert (ou de citron) et d'orange.

Sauf le Schweppes que l'on ajoutera au dernier moment (sans mélanger), versez les ingrédients dans le shaker avec de la glace en morceaux. Se sert dans le grand tumbler, glace comprise.

## Planter's 2 PUNCH

3/8 de rhum
2/8 d'orange pressée
1/8 de citron vert pressé
1/8 de grenadine
1/8 de curaçao blanc

Pour décorer : un quartier de citron vert et d'orange, une cerise au marasquin et un morceau d'ananas.

Se prépare dans le grand tumbler avec beaucoup de glace en morceaux. Rajouter du soda est facultatif.

**LONG DRINKS**

## *Preston* LONG DRINK

3/5 de calvados
1/5 de kirsch
1/5 de mandarine Napoléon
1/3 de bouteille de Schweppes

Pour décorer : un quartier de pomme, de mandarine, et une cerise au marasquin.

Se prépare dans le grand tumbler avec beaucoup de glace grossièrement pilée.

## *Punto Uno* LONG DRINK

2/3 de Pimm's n° 1
1/6 de liqueur d'abricot Cusenier
1/6 de Drambuie
un demi-citron pressé
1/3 de bouteille de limonade

Pour décorer : un quartier de citron, d'abricot, et une pousse de menthe.

Se prépare dans le verre à orangeade avec beaucoup de glace en morceaux et un chalumeau.

## *Ramona* LONG DRINK

2/3 d'amaro
1/3 de liqueur de menthe
quelques gouttes de Pernod
une demi-bouteille de Schweppes

Se prépare dans le grand tumbler avec des glaçons.

## *Rhum Collins* COLLINS

50 g de rhum Saint-James blanc
un citron vert pressé
1 cuillerée de sirop de canne
soda à volonté

Pour décorer : une tranche de citron et une cerise au marasquin.

Se prépare dans le grand tumbler avec des glaçons.

**LONG DRINKS**

## *Rimer* LONG DRINK

*2/4 de vodka*
*1/4 de sirop d'orgeat*
*1/8 de jus d'ananas*
*1/8 de grenadine*
*une demi-bouteille de Schweppes*

Pour décorer : morceaux d'ananas et une cerise au marasquin.

Se prépare dans le grand tumbler avec des glaçons. Décorez avec quelques morceaux d'ananas et une cerise au marasquin.

## *Robert 2* LONG DRINK

*3/6 de brandy Stock*
*2/6 de Carpano blanc*
*1/6 d'orange pressée*
*1/3 de bouteille de ginger ale*

Pour décorer : une tranche d'orange.

Se prépare dans le grand tumbler avec des glaçons. Décorez avec une tranche d'orange.

## *Robins* LONG DRINK

*4/6 de vodka citron*
*1/6 de citron pressé*
*1/6 de sirop de framboise*
*1/3 de bouteille de Schweppes*

Pour décorer : une tranche de citron et des framboises à volonté.

Se prépare dans le grand tumbler avec des glaçons. Décorez avec une tranche de citron et des framboises.

## *Rogers* LONG DRINK

*2/4 de gin*
*1/4 de jus d'ananas*
*1/8 d'Amaretto di Saronno*
*1/8 de sirop de fraise*
*une demi-bouteille de Schweppes*

Pour décorer : un petit morceau d'ananas et une fraise.

Se prépare dans le grand tumbler avec des glaçons. Décorez avec un petit morceau d'ananas et une fraise.

*De gauche à droite : Sumner (p. 366), Songe d'Été (p. 365), Palma (p. 353).* ▶

**LONG DRINKS**

## Romantica MIST

4/5 de triple sec
1/5 de bitter Campari
glace pilée

Pour décorer : une spirale d'écorce d'orange.

Remplissez le tumbler moyen de glace pilée, puis versez les deux ingrédients. Avant de décorer, mélangez avec le batteur.

## Ron And Tonic HIGHBALL

50 g de rhum ambré
une demi-bouteille de Schweppes

Pour décorer : une tranche de citron vert ou de citron.

Se prépare dans le grand tumbler avec des glaçons.

## Rosa Del Rio MIST (ph. p. 346)

5/6 de sherry dry
1/6 de crème de cassis
deux gouttes de sirop de rose

Pour décorer : une spirale de citron et un pétale de rose.

Remplissez le tumbler moyen avec de la glace pilée. Versez les trois ingrédients dans l'ordre indiqué, puis mélangez avec le batteur.

## San Valentino SLING

50 g de triple sec
10 g de sirop de cédrat
un citron vert (ou citron) pressé
1/3 de bouteille de soda

Sauf le soda (que vous ajouterez au dernier moment), versez les autres ingrédients dans le shaker avec des glaçons et agitez pendant un instant. Servez dans le grand tumbler, glace comprise.

## Sauza Rosada LONG DRINK

4/6 de tequila
1/6 de triple sec
1/6 de sirop de papaye
une demi-bouteille de Schweppes citron

Se prépare dans le verre à orangeade avec des glaçons. Décorez avec un quartier de papaye.

**LONG DRINKS**

## *Sky Lift* MIST

5/6 de Drambuie
1/6 de liqueur de menthe
glace pilée

Pour décorer : spirales d'écorce
d'orange et de citron.

Se prépare dans le tumbler moyen
avec de la glace pilée en abondance.

## *Songe d'Été* LONG DRINK (ph. p. 363)

4/6 de Dubonnet
1/6 de crème de cassis
1/6 de bitter Campari
1/3 de bouteille de soda

Se prépare dans le grand tumbler
avec beaucoup de glace en morceaux
et un chalumeau. Décorez avec une
tranche d'orange, une cerise et une
étoile de carambola.

## *Stein* SLING

3/6 de vodka
2/6 de Bénédictine
1/6 de Cherry Heering
deux traits d'Angostura
un citron vert (ou citron) pressé
une demi-bouteille de limonade

Sauf la limonade, versez les
ingrédients dans le shaker avec des
glaçons. Se sert dans le grand
tumbler avec la limonade. Décorez
avec une tranche de citron.

## *Sterne* SLING

50 g de Chartreuse jaune
10 g de curaçao blanc
un citron vert pressé
deux traits d'Angostura

Pour décorer : une tranche d'orange.

Sauf le ginger ale (que vous ajouterez
au dernier moment dans le grand
tumbler), versez les ingrédients dans
le shaker avec des glaçons. Agitez
pendant 6 à 8 secondes.

## *Stinger* ALLONGÉ

40 g de cognac
20 g de liqueur de menthe blanche
1/3 de bouteille de Schweppes

Pour décorer : une pousse de menthe.

Se prépare dans le grand tumbler
avec beaucoup de glace en
morceaux. Ce cocktail peut être servi
à toute heure du jour.

**LONG DRINKS**

## *Stuart* LONG DRINK

3/6 de Martini rosé
2/6 de vodka banane
1/6 d'orange pressée
champagne brut à volonté

Pour décorer : une rondelle de banane, un quartier d'orange et une cerise rouge.

Se prépare dans le grand tumbler ou dans le verre à eau. Quelques glaçons sont facultatifs.

## *Sumner* LONG DRINK (ph. p. 363)

3/6 de triple sec
2/6 de grappa
1/6 de sirop de kiwi
une demi-bouteille de Schweppes

Pour décorer : une rondelle de kiwi, un quartier d'orange et des grains de raisin.

Se prépare dans le grand tumbler avec beaucoup de glace en morceaux et se sert avec un chalumeau.

## *Sweet & Imperial* COOLER

3/6 de rhum Saint-James
2/6 de vodka banane
1/6 de mandarine Napoléon
un trait de Cointreau

Pour décorer : orange, citron vert et poire coupés en quartiers, banane et kiwi en rondelles.

Se prépare dans le grand tumbler avec quelques glaçons. Se sert avec un chalumeau.

## *Taft* LONG DRINK

2/3 de rye whiskey
1/6 de Carpano blanc
1/6 de Bénédictine
1/4 de bouteille de Schweppes

Pour décorer : une tranche de citron.

Se prépare dans le grand tumbler avec beaucoup de glace en morceaux.

## *Taylor* MIST

3/4 d'amaro
1/8 de bourbon
1/8 de Dubonnet
un zeste de citron
glace pilée

Remplissez le tumbler moyen avec de la glace pilée. Versez les trois ingrédients et mélangez pendant un instant. Pressez un zeste de citron en surface.

## *Tequila Collins* COLLINS

50 g de tequila
un citron vert (ou citron) pressé
1 cuillerée de sirop de sucre
Schweppes à volonté

Se prépare dans le grand tumbler avec des glaçons. Décorez avec une tranche de citron vert (ou de citron) et une cerise au marasquin.

## *Tequila Mist* MIST

5/6 de tequila
1/6 de Cointreau

Pour décorer : spirales d'écorce de citron vert et d'orange. Glace pilée en abondance.

Se prépare dans le tumbler moyen. Versez d'abord la glace pilée, puis les deux liqueurs.

## *The King* LONG DRINK

5/6 de scotch
1/6 de Martini rouge
un trait d'Angostura
eau à volonté

Pour décorer : une pousse de basilic.

Se prépare dans le grand tumbler avec des glaçons. Ce cocktail est dédié au célèbre acteur américain Clark Gable.

## *Tia And Jim* MIST

1/2 de Tía Maria
1/2 de bourbon
glace pilée

Pour décorer : une spirale d'écorce de citron.

Après avoir rempli le tumbler moyen de glace pilée, ajoutez les ingrédients dans l'ordre.

# White Lady

*2/4 de gin*
*1/4 de Cointreau*
*1/4 de jus de citron*

Se prépare dans le shaker avec des glaçons. Se sert dans la coupe à cocktail.
*Variante :* le Pink Lady, dans lequel le Cointreau est remplacé par un trait de grenadine.

**LONG DRINKS**

## Tom Collins COLLINS

*50 g de gin*
*un citron pressé*
*1 cuillerée (ou plus) de sirop de sucre*
*Schweppes à volonté*

Pour décorer : une tranche de citron et une cerise (facultative).

Se prépare dans le grand tumbler avec des glaçons. John Collins, maître d'hôtel anglais, diffusa ce cocktail au début du siècle.


## Tre A Uno MIST

*3/4 de cognac framboise*
*1/4 de Tia Maria*
*glace pilée*

Pour décorer : quelques grains de café.

Après avoir rempli le tumbler moyen avec de la glace pilée, agitez dans le shaker (avec des glaçons) le cognac et la liqueur de café pendant quelques instants. Servez sans mélanger.


## Trina COOLER

*3/4 de poire williams*
*1/8 de Cointreau*
*1/8 de liqueur de melon*
*1/4 de bouteille de Schweppes citron*

Pour décorer : poire, melon et citron en quartiers, une étoile de carambola et une cerise.

Se prépare dans le grand tumbler avec de gros morceaux de glace. Se sert avec un chalumeau.


## Trinacria MIST

*3/4 de mandarine Napoléon*
*1/4 d'amaro*

Pour décorer : spirales d'écorce d'orange et de citron.

Remplissez le tumbler moyen avec de la glace pilée ; versez la liqueur de mandarine et l'amaro sicilien, puis mélangez pendant un instant. Servez avec un chalumeau.

**LONG DRINKS**

## *Valera* LONG DRINK

3/4 de mirabelle
1/8 de glayva
1/8 de crème de cassis
1/3 de bouteille de Schweppes
deux traits de jus de citron

Se prépare dans le grand tumbler avec de gros morceaux de glace.

## *Vandemberg* HIGHBALL

50 g de korn
un trait d'Angostura
une demi-bouteille de Coca-Cola

Se prépare dans le grand tumbler avec des glaçons. (Korn : eau-de-vie de blé de production allemande.)

Pour décorer : une tranche de citron.

## *Vanessa* LONG DRINK

5/6 de vodka Moskovskaya
1/6 de sirop de fraise
un trait de sirop de rose
une demi-bouteille de Schweppes citron

Se prépare dans le grand tumbler avec de gros morceaux de glace. Servez avec un chalumeau. Décorez avec des fraises et des pétales de rose.

## *Venice And You* MIST

3/4 de Suze
1/8 de Martini rosé
1/8 de bitter Campari
glace pilée

Remplissez le tumbler moyen avec de la glace pilée. Versez les trois ingrédients et mélangez pendant quelques instants.

Pour décorer : écorce d'orange.

## *Verde Rinascimento* LONG DRINK

3/6 de Cointreau
2/6 de mandarine Napoléon
1/6 de sirop de kiwi
champagne brut à volonté

Se prépare dans le grand tumbler avec tous les ingrédients bien froids. Pour décorer : un grain de raisin, un quartier d'orange et une rondelle de kiwi.

**LONG DRINKS**

## *Vernon 2* LONG DRINK

2/3 de rhum brun
1/8 de Tia Maria
1/8 de crème de cacao
une demi-bouteille de Coca-Cola

Se prépare dans le grand tumbler avec des glaçons.

## *Victor* MIST

5/6 de grappa à la pêche à 40°
1/6 d'apricot brandy
glace pilée

Se prépare directement dans le tumbler moyen rempli de glace pilée. Pressez une écorce de citron en surface (facultatif).

## *Violet* MIST

3/4 de Parfait Amour
1/4 de curaçao bleu
un trait de mandarine Napoléon
glace pilée

Se prépare directement dans le tumbler moyen rempli de glace pilée.

Pour décorer : une spirale d'écorce de mandarine.

## *Vodka And Tonic* HIGHBALL

50 g de vodka
une demi-bouteille de tonic

Pour décorer : une tranche de citron.

Se prépare dans le grand tumbler avec des glaçons.

## *Vodkatini* ALLONGÉ

5/6 de vodka
1/6 de Martini dry
une demi-bouteille de Schweppes

Pour décorer : une tranche de citron.

Se prépare dans le grand tumbler avec des glaçons.

## *Vogue 87* LONG DRINK

3/5 d'advocaat
2/5 de bourbon
1/3 de bouteille de ginger ale

Se prépare dans le grand tumbler avec des glaçons. Mélangez pendant quelques instants avec le batteur.

## *Waldina* LONG DRINK

4/5 de Southern Comfort
1/5 de porto blanc
1/4 de bouteille de Schweppes

Pour décorer : une tranche de citron.

Se prépare dans le verre à orangeade avec beaucoup de glace en morceaux. (Southern Comfort : liqueur à base de bourbon, parfumée à la pêche.)

## *Wallner* LONG DRINK

3/6 de rhum brun
2/6 de marasquin
1/6 de Grand Marnier
une demi-bouteille de Coca-Cola

Se prépare dans le grand tumbler avec beaucoup de glace en morceaux. Facultatif : un trait de jus de citron en surface.

## *Walzer* SWIZZLE

2/3 de Malibu
1/3 de rhum blanc
un trait de grenadine
une demi-bouteille de Schweppes

Pour décorer : une tranche de citron.

Se prépare dans le grand tumbler avec des glaçons. Se sert avec le batteur (ou swizzle) et un chalumeau. (Malibu : liqueur aromatisée à la noix de coco.)

## *Warren* LONG DRINK

3/4 de Malibu
1/4 de vodka ananas
deux traits de grenadine
une demi-bouteille de Schweppes

Pour décorer : une tranche de citron.

Se prépare dans le grand tumbler avec beaucoup de glace en morceaux.

## 50.

# Za-Za

1/2 de gin
1/2 de Dubonnet
un trait d'Angostura

Se prépare dans le verre à mélange avec des glaçons. Versez dans la coupe à cocktail.

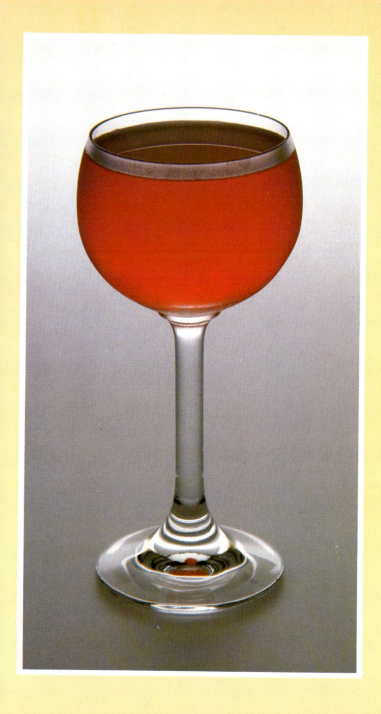

**LONG DRINKS**

## Warren MIST

5/6 de kirsch
1/6 de cherry brandy
glace pilée

Se prépare dans le tumbler moyen avec de la glace pilée en abondance. Pressez un zeste de citron en surface.

## Wendy LONG DRINK

3/5 de Drambuie
2/5 de grappa au miel
une demi-bouteille de ginger ale

Se prépare dans le grand tumbler avec beaucoup de glace grossièrement pilée.

## White Cock COOLER

3/4 de gin
1/4 de Sherry Cream (xérès)
1/3 de bouteille de Schweppes citron

Pour décorer : poire, pêche, citron et orange en quartiers.

Se prépare dans le grand tumbler avec des glaçons. Servez avec un chalumeau.

## White Mary MIST

40 g de Marie-Brizard
10 g de liqueur de menthe blanche
un trait de gentiane
glace pilée

Pour décorer : une spirale d'écorce de citron.

Remplissez le tumbler moyen avec de la glace pilée, puis versez les trois ingrédients sans mélanger. Servez avec un chalumeau.

## White Wave LONG DRINK

2/4 d'eau-de-vie de framboise
1/4 de Cointreau
1/4 de citron pressé
un demi-blanc d'œuf
1/3 de bouteille de limonade

Se prépare dans le shaker avec de gros morceaux de glace. Versez les quatre premiers ingrédients et agitez fortement pendant 8 à 10 secondes. Servez dans le grand tumbler après avoir ajouté la limonade.

**LONG DRINKS**

## *Will Richard* LONG DRINK

3/4 de cognac
1/8 de Southern Comfort
1/8 de sirop d'ananas
un trait de sirop d'orgeat
1/3 de bouteille de ginger ale

Pour décorer : un petit morceau d'ananas et une tranche d'orange.

Se prépare dans le grand tumbler avec des glaçons.

## *Williams* MIST

4/5 de poire williams
1/5 de Southern Comfort
glace pilée

Pour décorer : une spirale d'écorce de citron.

Remplissez le tumbler moyen avec de la glace pilée ; versez les deux ingrédients dans l'ordre indiqué et mélangez.

## *Wilma* LONG DRINK

30 g de porto ruby
5 g de mandarine Napoléon
5 g de cognac
100 g de champagne brut

Se prépare dans le verre à mélange. Versez les trois premiers ingrédients. Servez dans le verre à eau, puis complétez avec le champagne.

## *Xérès Rose* LONG DRINK

5/6 de sherry La Ina
1/6 de bitter Campari
1/4 de bouteille de Schweppes

Pour décorer : une tranche d'orange.

Se prépare dans le grand tumbler avec des glaçons.

## *Ziegfeld* SWIZZLE

3/4 de Southern Comfort
1/4 de glayva
champagne brut à volonté

Se prépare dans le grand tumbler avec des glaçons.

# GLOSSAIRE

**After Dinner** Eaux-de-vie, amers, vins liquoreux et aromatisés, liqueurs, alcools, que l'on boit à température ambiante, rafraîchis, froids, glacés ou « on the rocks », nature ou mélangés, en y ajoutant café, crème de lait et épices, et que l'on peut également servir chauds.

**Arc-en-ciel** Cocktail caractéristique qui se prépare directement dans un verre long et étroit. Les différentes liqueurs sont versées l'une après l'autre, en commençant par celle qui a la plus forte densité et le plus de viscosité, afin qu'elles ne se mélangent pas.

**Cobbler** Le cobbler se prépare dans le verre à vin avec beaucoup de glace grossièrement pilée, et avec une belle décoration de fruits frais taillés en tranches. A l'origine, on le préparait avec du sherry ou du porto. Aujourd'hui on peut utiliser du vin ou l'alcool de son choix : cognac, whisky, rhum, etc., et y ajouter de petites doses de liqueurs, sucre et pousses de menthe fraîche.

**Collins** Boisson dont se réclament les Américains, mais qui doit probablement son nom à un certain John Collins, maître d'hôtel du *Limmer's*, célèbre local anglais de la fin du XIXe siècle. Au début du XXe, les deux plus connus, John et Tom Collins, se préparaient, le premier avec du gin hollandais, le second avec du Old Tom Gin.

**Cooler** Appellation pour tous les long drinks très froids et servis dans de grands verres. Se prépare dans le shaker ou dans le grand tumbler, avec alcools et liqueurs, jus de citron vert ou de citron allongés de ginger ale ou d'une autre boisson gazeuse, de la glace en morceaux, le tout décoré avec des demi-tranches de citron vert, de citron et d'orange, et des petites cerises au marasquin.

**Crusta** Type de cocktail qui se sert dans un verre dont le bord a été humecté avec un citron, puis passé dans du sucre en poudre, afin de le givrer.

**Cups** Alcools, liqueurs, sucre, ananas et autres fruits frais sont à la base de ces drinks, préparés dans de grands bowls, puis conservés au réfrigérateur pendant deux à trois heures environ.

**Daisy** Gin, cognac, whisky, vodka, kirsch, calvados ; avec chacun de ces alcools, au choix selon les goûts, et en y ajoutant jus de citron vert ou de citron, grenadine et glace (grossièrement pilée), on réalise d'excellentes boissons.

**Eggnog** Boisson, froide ou chaude que l'on prépare avec de l'œuf, et, la plupart du temps, pour plusieurs personnes.

**Fix** Se prépare dans le petit tumbler avec du sucre et très peu d'eau pour le faire fondre, du jus de citron, et l'alcool ou la liqueur de son choix.

**Fizz** C'est un long drink préparé avec du jus de citron, du gin et de l'eau de Seltz ou de l'eau gazeuse.

**Flip** C'est une boisson chaude ou froide à base de jaune d'œuf.

**Frappé** Boisson désaltérante, sans alcool, à base de lait, avec adjonction de jus de fruits et de glace préalablement pilée.

**Grog** Boisson chaude, généralement à base d'alcool.

**Highball** Entre dans la catégorie des long drinks, et se prépare avec de l'alcool additionné d'une boisson gazeuse.

**Julep** Drink typique préparé dans le verre cylindrique spécial, avec des petites feuilles de menthe fraîche, du sucre, et du bourbon (ou autre alcool) très froid.

**Long Drink** Il s'agit d'un mélange légèrement alcoolisé qui se sert froid, avec adjonction de jus de fruits, mousseux, champagne, boissons gazeuses, etc.

**Mist** Alcool froid ou n'importe quelle autre boisson servie dans le tumbler, avec de la glace pilée et un zeste de citron.

**On the rocks** Drinks alcoolisés préparés avec des glaçons, dans le tumbler moyen ou le petit tumbler.

**Rickey** A l'origine, se préparait avec une abondante dose de gin, le jus d'un citron vert, du sirop de grenadine, du soda, et une tranche de citron vert. Aujourd'hui, les rickeys se préparent aussi avec d'autres alcools, divers sirops, des eaux gazeuses aromatisées, et se décorent avec une longue spirale de citron vert.

**Sangaree** Se prépare avec du vin rouge léger ou avec certains alcools, une tranche d'agrume, de la glace et de la noix muscade, et se sert dans le tumbler.

**Sling** Se prépare dans le shaker avec alcools, liqueurs, Angostura, jus de citron vert ou de citron (pressé au dernier moment et passé). Après que l'on ait versé la boisson dans le tumbler avec de la glace, on ajoute du soda, du ginger ale ou une autre eau gazeuse.

**Smash** Le smash se prépare directement dans le shaker avec quelques petites feuilles de menthe fraîche, du sucre, un peu d'eau, auxquels on ajoute ensuite l'alcool de son choix et beaucoup de glace en morceaux.

**Sour** Traditionnellement préparé avec bourbon, canadian et scotch, un jus de citron, un peu de sucre et un léger trait d'eau de Seltz. Certains barmen ajoutent une petite cuillerée de blanc d'œuf ou un trait de Frothee.

**Sparkling** Drink à base de jus de fruits allongé avec du champagne ou du vin mousseux, bruts et très frais.

**Toddies** Boissons qu'à l'origine on servait uniquement chaudes, mais qui furent ensuite également préparées froides, avec de la glace en morceaux, du jus de citron, de l'Angostura, et un alcool au choix.

**Zombie** Boisson qui entre dans la catégorie des long drinks. Ellle est caractérisée par l'usage de beaucoup d'ingrédients et se sert dans de grands verres.

# INDEX

ABC *cocktail* 18
Acapulco 2 *cocktail* 18
Ada *Cocktail* 18
Adlai *fancy* 194
Adonais *fancy* 194
Adonis 22
Adonis *allongé* 286
Aelfrie *daisy* 286
Aerobica *long drink* 286
Affinity 28
Agave Épineux *on the rocks* 106
Aiken *cocktail* 106
Aileen *fancy* 194
Alaska 32
Alaska *allongé* 286
Alastair *fancy* 194
Alastor *fancy* 196
Albertine *after dinner* 106
Alberto Sordi *long drink* 288
Aldhelm *fancy* 196
Alessi *after dinner* 106
Alexandra 40
Alexandra Angers *after dinner* 108
Alexandra Gin *after dinner* 108
Alexandra Mirabelle *after dinner* 108
Alexandra Sister *after dinner* 108
Alexiana *cocktail* 18
Alfred *fancy* 196
Alfrie *fancy* 196
Algernon *sling* 288
Alicia *smash* 196
Alicia *sans alcool* 197
Aligi Sassu *sparkling* 197
Alison *sling* 288
Alisto *on the rocks* 20
Alleluia *fizz* 197
Amabel *fancy* 197
Ambré *after dinner* 109
American Style *cocktail* 20
Americano *cocktail* 20
Amorino *on the rocks* 20
Amy *fancy* 200
Amyas *rickey* 288
Ananas *exotic* 202
Ananas 1 *exotic* 200
Ananas 3 *exotic* 200
Ananas 4 *exotic* 200
Andalousie *cocktail* 20
Angel Face 44
Angel Face *allongé* 289
Angel Kiss *arc-en-ciel* 109
Angela *cocktail* 21
Angelino T. *on the rocks* 21
Angers *champagne cocktail* 201
Angers New F. *julep* 109
Anguria 1 *exotic* 201
Anguria 2 *exotic* 201

Anguria 3 *exotic* 201
Angus fizz 205
Anita *sparkling* 205
Ann Boleyn *after dinner* 109
Anna Pierangeli *on the rocks* 21
Annalisa *cocktail* 21
Anne Baxter *cocktail* 21
Anonyme *apéritif* 24
Anthea *daisy* 289
Antigone *on the rocks* 24
Antille Sparkling *sans alcool* 205
Applerose *after dinner* 112
Ara *cocktail* 24
Arabella *long drink* 289
Arancia *exotic* 205
Arden *frozen* 206
Ari *after dinner* 112
Aristo *cocktail* 24
Arlette *on the rocks* 24
Arna *cocktail* 25
Aromatic Wine *sangaree* 206
Arpion *fancy* 206
Artic Julep *julet* 112
Asa *cooler* 289, 354
Asce *cocktail* 25
Astrophel *cooler* 292
Audrey *daisy* 292
Augusta B. *on the rocks* 25
Auriga *cobbler* 206
Austria *arc-en-ciel* 112
Ava Gardner *after dinner* 112
Aylwin *punch* 292
Azalée *long drink* 292
Azzurra *long drink* 293

B.B.B. *long drink* 293
B.B.M. *frappé* 113
B & C *after dinner* 113
B.M.W. *on the rocks* 113
Baby *cocktail* 25
Bacardi 50
Bamboo 60
Bamboo *allongé* 293
Banana Daiquiri *cocktail* 25
Banana Daiquiri 2 *cocktail* 27
Bangor *mist* 293
Banks *long drink* 295
Barbara Aerobic *long drink* 295
Barby *sour* 206
Barcarola New Fashion *long drink* 295
Baroda *cooler* 295
Base *cocktail* 27
Basil *on the rocks* 113
Basileus *on the rocks* 113
Bastia *on the rocks* 27
Bath *daisy* 298
Batida De Abaci *frozen* 207
Batida De Fresas *frozen* 207
Batida De Kiwi *frozen* 207

Batida De Limao *frozen* 207
Batida De Mango *frozen* 207
Batida De Maracujà *frozen* 210
Batida De Pesca *frozen* 210
Bâton Rouge *cooler* 298
Bedford *long drink* 298
Beef-Tea *fancy* 210
Beef-Tea 2 *fancy* 210
Belfast *long drink* 298
Belize *long drink* 299
Bellamia *on the rocks* 27
Bellini *sparkling* 210
Bellizzi *on the rocks* 27
Ben Nevis *swizzle* 299
Bénarès *long drink* 299
Bentley 68
Bentley *allongé* 299
Berkeley *long drink* 300
Berlin *sour* 211
Bernini *cocktail* 30
Betty *cooler* 300
Between the Sheets 76
Beverly *long drink* 300
Bevis *crusta* 211
Biffi *on the rocks* 30
Biky *on the rocks* 30
Binghi *on the rocks* 30
Bière Poussye *arc-en-ciel* 114
Bis *on the rocks* 30
Bitter Schweppes *apéritif* 31
Bitter Classico *apéritif* 31
Bitter On The Rocks *apéritif* 31
Bitter Shaker *apéritif* 31
Black Russian *on the rocks* 114
Black Velvet *long drink* 300
Block *cocktail* 31
Block And Fall 82
Block And Fall *allongé* 300
Bloody Mary 88
Blue Artic *on the rocks* 114
Blue Beryl *long drink* 302
Blue Bird *mist* 302
Blue Frappé *frappé* 114
Blue Girl *long drink* 302
Blue Ice *julep* 114
Blue Lady *cocktail* 34
Blue Oyster *after dinner* 116
Blue Special *frappé* 116
Boadicea *crusta* 211
Bobby Burns 96
Boise *long drink* 302
Bolivia *arc-en-ciel* 116
Bombay 102
Borger *cocktail* 34
Boris *sparkling* 211
Borussia *cocktail* 34
Boston *long drink* 302
Botton *on the rocks* 34
Bourbon And Ginger

379

highball 303
Bourbon Manhattan *on the rocks* 35
Bourbon Toddy 211
Branca-menthe *on the rocks* 116
Brandy ABM *cocktail* 35
Brandy And Ginger *highball* 303
Brandy Cocktail *smash* 35
Brandy Cup *cocktail champagne* 212
Brandy & Menthe *on the rocks* 116
Brandy & Sabra *after dinner* 117
Brandy Julep *julep* 117
Brandy Mist *mist* 303
Brandy Sour *sour* 212
Brasilero *cocktail* 35
Brasilia *long drink* 303
Brenda *cocktail champagne* 212
Brian *flip* 212
Brigitte Bardot *frappé* 117
Bronson *cocktail* 36
Bronx 110
Bronx *allongé* 303
Brooklyn 118
Brooklyn *allongé* 306
Brown *long drink* 306
Brown & Gin *after dinner* 117
Bucaneve *on the rocks* 117
Buck's Fizz *cup* 212
Bullshot *fancy* 214
Burnich *cocktail* 36

Cabell *long drink* 306
Cabot *cocktail* 36
Cabot *long drink* 306
Cadinka *on the rocks* 36
Caedmon *cocktail champagne* 214
Café à la Diable *after dinner* 120
Café Grand-Père *after dinner* 120
Café-Shaker *after dinner* 120
Caipirinha *fancy* 214
Caipirinha New F. *fancy* 214
Caithnesss *cooler* 307
Calcutta *mist* 307
Caleb *cup* 215
California *long drink* 307
Cam *cocktail* 36
Camberra *long drink* 307
Cambridge *long drink* 309
Camden *long drink* 309
Camilla C. *after dinner* 120
Caminemo *on the rocks* 38
Caminito *cocktail* 38
Campari And Gin *on the rocks* 38
Campari And Orange *cocktail* 38

Campari Rosé *cocktail* 39
Canadian Mist *mist* 309
Canton *cooler* 309
Cantor *cocktail* 39
Caorlina *long drink* 309
Capriolo *cocktail* 39
Captain Blood *on the rocks* 39
Cardiff *long drink* 310
Cardin *cocktail* 42
Cariaggi *cocktail* 42
Carla *cocktail* 42
Carlisle *long drink* 310
Carmela *on the rocks* 121
Carmen *frappé* 121
Carmencita *frappé* 121
Carolina *long drink* 310
Carrie *long drink* 310
Carson *mist* 310
Caruso 124
Cary *sparkling* 215
Casanova 87 *on the rocks* 42
Casino 132
Casino *allongé* 311
Casual *cocktail* 42
Catherine *on the rocks* 43
Cawnpore *cocktail* 43
Cedric *sparkling* 215
Celia *cup* 215
Champagne Angers *cocktail champagne* 218
Champagne Cocktail 218
Champion *on the rocks* 43
Charlotte *long drink* 311
Cherry Blossom 2 *cocktail* 43
Cherry Cobbler 218
Cherry One *cocktail* 43
Cherry-Prunelle *after dinner* 121
Cheshire *long drink* 311
Cheviot *cocktail* 46
Chiavi D'oro *cocktail* 46
Chicote *cocktail* 46
Chiria *on the rocks* 46
Chloris *sparkling* 218
Chris Evert *on the rocks* 46
Chrismar *on the rocks* 47
Christabel *cocktail champagne* 219
Christmas Cup *cup* 219
Chupa-Chup *after dinner* 121
Chupa-Chupa *arc-en-ciel* 122
Ciao-Ciao *sans alcool* 219
Cinque Lustri *cocktail* 47
Ciok-Mint *after dinner* 122
Cirius *cocktail* 47
Clan 2 *on the rocks* 47
Clara *on the rocks* 49
Clarence *cocktail champagne* 219
Claridge 144
Clarissa Club *cocktail champagne* 221
Clifton *cobbler* 221
Clifton *on the rocks* 49

Clinzia 1 *after dinner* 122
Clinzia M. *on the rocks* 122
Clive *cocktail champagne* 221
Clover *long drink* 311
Clover Club 150
Clyde *cocktail* 49
Cocco 1 *exotic* 221
Cocco 2 *exotic* 222
Cocktail De L'Amour *sour* 314
Coffee Puncino *after dinner* 122
Colleen *crusta* 222
Colleen *exotic* 222
Colombia *long drink* 314
Colombia *arc-en-ciel* 123
Comus *sour* 222
Comus *cooler* 314
Conan *sparkling* 223
Conca D'oro *after dinner* 123
Connor *grog* 223
Cook *cocktail* 49
Cool Lady *cocktail* 49
Copacabana *long drink* 314
Cordial Alexander *after dinner* 123
Cordial Pink *sour* 223
Cork *cocktail* 52
Costa Smeralda *cocktail* 52
Costa Smeralda 2 *on the rocks* 52
Crème de Menthe *frappé* 123
Cremisi *apéritif* 52
Cris *on the rocks* 52
Crisma *cocktail* 53
Crown *cocktail* 53
Crush *cocktail* 53
Cuba Libre *highball* 315
Cudini *after dinner* 123
Cup *cocktail* 273
Cupar *cocktail* 53
Cusi *on the rocks* 53
Czarina 160
Czarina *allongé* 315

Dagmar *arc-en-ciel* 126
Daiquiri 166
Daiquiri New Fashion 3 *cocktail* 54
Dalhouise *long drink* 315
Dalkeith *long drink* 315
Dalton *long drink* 317
Dandy *cocktail* 54
Danièle *exotic* 223
Danieli *cocktail* 54
Darwin *cocktail* 54
Darwin *highball* 317
David *on the rocks* 54
Dayton *long drink* 317
Déesse Blanche *cocktail* 55
Delsio *on the rocks* 55
Demitri *on the rocks* 55
Denver *long drink* 317

Derby 170
Derek *cobbler* 226
Des Moines *long drink* 317
Detroit *swizzle* 318
Diana Dei *long drink* 318
Diane *cocktail* 55
Diki-Diki 174
Dilettoso *on the rocks* 55
Dolce Amaro 2 *cocktail* 56
Dolce Piave *after dinner* 126
Dolfin Coffee *after dinner* 126
Don *cocktail* 56
Don Carlos 2 *after dinner* 126
Don Pedro *on the rocks* 56
Don Pedro 2 *on the rocks* 56
Dorella *cocktail* 56
Dorian *frozen* 226
Doux-Amer *cocktail* 58
Dover *on the rocks* 58
Drambuie Julep *julep* 127
Drapier *frozen* 226
Dream *cocktail* 58
Duc De Maravat *after dinner* 127
Duchess 180
Dulcis In... *after dinner* 127

Ealing *long drink* 318
Eamon *cocktail champagne* 226
Eamond *sparkling* 227
East-India 188
Edna *eggnog* 227
Edwin *fancy* 227
Edy *mist* 318
Eirene *fizz* 227
El Matador *cocktail* 58
Eldred *fix* 229
Elfreda *flip* 229
Elfrida *frozen* 229
Eli *frozen* 229
Elizabeth *cocktail* 59
Emmelline *frozen* 229
Enid *frozen* 230
Erie *frozen* 230
Erwin *frozen* 230
Esmé *frozen* 230
Ethel *on the rocks* 127
Éthiopie *arc-en-ciel* 129
Eva New F. *julep* 129
Evelyn *frozen* 230
Ewan *frozen* 231

Fall River *after dinner* 129
Fanny *on the rocks* 129
Fay *long drink* 318
Fergus *sparkling* 231
Fernet & Menthe *on the rocks* 129
Fidelia *flip* 231
Fingal *flip* 231
Finlande *after dinner* 130
Fiona *long drink* 319
Fior Di Maggio *long drink* 319

Flag's Pope *arc-en-ciel* 130
Flash *long drink* 319
Fleance *sans alcool* 231
Flint *long drink* 319
Flober *cocktail* 59
Florius 1 *cocktail* 59
Florius 2 *cocktail* 59
Florius 3 *cocktail* 62
Folkestone *long drink* 319
For Ever *long drink* 322
Forfar *on the rocks* 130
Foscari *after·dinner* 130
Four & One *frappé* 130
Fragolada 1 *sparkling* 234
Fragolada 2 *sparkling* 234
Fragolada 3 *sparkling* 234
Fragolada 4 *sparkling* 234
Franca *after dinner* 131
Francesca *cocktail* 62
France *arc-en-ciel* 131
Frescada *after dinner* 131
Friska *on the rocks* 131
Fronda *after dinner* 131
Fulke *crusta* 234

G.B. Wedding *long drink* 322
G.C.V. *arc-en-ciel* 134
Gatsby *cooler* 322
Gaelic *highball* 322
Gage *long drink* 322
Gager *long drink* 323
Galliano *fizz* 235
Galliano Mist *mist* 323
Galway *after dinner* 134
Galway 2 *after dinner* 134
Gareth *cocktail champagne* 235
Garland *collins* 323
Garner *long drink* 323
Garnet *long drink* 323
Gary *long drink* 324
Gaunt *long drink* 324
Gay Punch *punch* 324
Ge-Ge *cocktail* 62
Geiger *long drink* 324
Geneviève *on the rocks* 62
Geraint *cocktail champagne* 235
Gerico *long drink* 326
Geronimo *on the rocks* 62
Gerould *long drink* 326
Giappone *arc-en-ciel* 134
Gibbs *collins* 326
Gibson 198
Gifford *cooler* 326
Gimlet 1 *on the rocks* 63
Gimlet 2 *cocktail* 63
Gimlet 3 *cocktail* 63
Gin And It 208
Gin And Tonic *highball* 326
Gin Fizz *fizz* 235
Gin Rickey *rickey* 327
Gin Rosa N.F. *swizzle* 327
Gin Sling *sling* 327
Gin Sour *sour* 235
Gin-Cointreau *cocktail* 63
Gino *after dinner* 135

Gipsy Coffee *after dinner* 135
Giudecca *frappé* 135
Giulia *long drink* 327
Giuliana *on the rocks* 63
Glady *grog* 236
Glenmore *frappé* 135
Globo *cocktail* 65
Glory *on the rocks* 65
Golden Cadillac *on the rocks* 136
Golden Dream 1 *after dinner* 136
Golden Friend *cooler* 330
Golden Gin *cocktail* 65
Goldwin *flip* 236
Gonzales-Vanille *after dinner* 136
Goodfather *on the rocks* 136
Goodmother *on the rocks* 136
Gorbodue *grog* 236
Gordon G. *flip* 236
Gourmet *cocktail* 65
Grand Canal *cup* 238
Grand Hotel *after dinner* 138
Grand Slam 216
Grasshopper 224
Grazia *on the rocks* 138
Graziella *on the rocks* 66
Green Beer *long drink* 330
Green Collins *collins* 330
Green Dreams *after dinner* 138
Green Marc *after dinner* 138
Green Sherry *after dinner* 139
Green Surgeon *long drink* 330
Green Witch *on the rocks* 139
Grendel *cup* 238
Grey *cocktail* 66
Griffith *fancy* 238
Guido's *after dinner* 139
Gustav *after dinner* 139
Gustav Cremisi *cocktail* 66
Gwyneth *grog* 238

Hadley *long drink* 331
Haïti *on the rocks* 139
Haloa President *cocktail* 66
Hamish *sans alcool* 238
Hartley V-8 *fancy* 239
Hawaiian 2 *long drink* 331
Hazel *crusta* 239
Hedy *sans alcool* 239
Henry *cocktail champagne* 239
Himbeer Alexandra *after dinner* 141
Hiram *fix* 239
Hodge *eggnog* 242
Holiday At Home *cup* 242
Honey *after dinner* 141
Honor *grog* 242

Humphrey *on the rocks* 67

Imperial Dry *cocktail champagne* 242
Incas *on the rocks* 141
Inox *cocktail* 67
International Coffee *after dinner* 141
Ipnosi *cocktail* 67
Iran *on the rocks* 67
Iran *arc-en-ciel* 142
Irish Coffee *after dinner* 142
Irma 2 *cocktail* 70
Irving *long drink* 331
Isabelle *on the rocks* 142
Italia *arc-en-ciel* 142
Italian Stinger *after dinner* 143
Italian Style *cocktail* 70
Ivor *fizz* 243
Iza *after dinner* 143

J. Baker *cocktail champagne* 243
J.P. Sousa *cocktail* 70
Jabez *fancy* 243
Jacob *mist* 331
Jameson *long drink* 332
Jameson & Sabra *on the rocks* 143
Jan *fancy* 243
Jantoreña *long drink* 332
Japon *arc-en-ciel* 134
Jedidiah *frozen* 243
Jeffers *cooler* 332
Jemina *frozen* 246
Jenner *long drink* 332
Jervis *frozen* 246
Joël *frozen* 246
Jolly *on the rocks* 143
Jugoslavia *arc-en-ciel* 143
June *after dinner* 146

K. Ranieri *cup* 246
Kahlua Alexandra *after dinner* 146
Karol *after dinner* 146
Katia *cocktail* 70
Katya R. *cocktail champagne* 246
Keith *frappé* 146
Kenelm *cobbler* 247
Kenneth *frozen* 247
Ketty *on the rocks* 148
Key-Hole *cocktail* 71
Kezia *flip* 247
Kim Novak *cocktail* 71
King Alphonse *arc-en-ciel* 148
Kir *apéritif* 71
Kir Impérial *cocktail champagne* 247
Kir Royal *cocktail champagne* 247
Klinzia *on the rocks* 71
Klinzia 1 *on the rocks* 148

La Corrida *cocktail* 72
Lady Di *after dinner* 148

Lady Green *crusta* 249
Lagune Verte *on the rocks* 148
Lance *fizz* 249
Landor *long drink* 336
Laura *on the rocks* 72
Laura 3 *cocktail* 72
Laurie *flip* 249
Lear *flip* 249
Leda *cocktail* 72
Lella *on the rocks* 74
Leonardo *sparkling* 203, 249
Lesley *long drink* 336
Leslie *long drink* 336
Liliana *cocktail* 74
Lina *cocktail* 74
Lippi *on the rocks* 74
Lora *cocktail* 75
Lorimar *long drink* 336
Los Angeles *on the rocks* 75
Louis *mist* 337
Lucky 7 *on the rocks* 75
Luna *sparkling* 250
Lupino *on the rocks* 75
Luxembourg *arc-en-ciel* 149

Mabel *cocktail champagne* 250
Macbeth *after dinner* 149
Madeleine *after dinner* 149
Madia *on the rocks* 78
Madoe *sparkling* 250
Magdalen *after dinner* 149
Magnus *cocktail champagne* 250
Mai Tai *punch* 337
Maida *sparkling* 250
Malcolm *fizz* 251
Mandarine Royal *cocktail champagne* 251
Manhattan 232
Manhattan *allongé* 337
Manhattan Dry *cocktail* 78
Manuel *cocktail* 78
Mara *cocktail* 78
Marcelius *after dinner* 152
Marco Polo *cocktail* 79
Margarita *cocktail* 79
Maria Beatrice *after dinner* 152
Maria Teresa *arc-en-ciel* 152
Marianna *arc-en-ciel* 152
Mariella *on the rocks* 79
Marigian *after dinner* 153
Marigold *fancy* 251
Marilyn *fizz* 251
Marina 68 *cocktail* 79
Marinella *long drink* 337
Mariú *on the rocks* 79
Mark *on the rocks* 153
Marmion *crusta* 254
Martha *after dinner* 153
Martini Dry 240
Martini Extra Dry *cocktail* 81
Martini Sweet 244

Martini Sweet *cocktail* 81
Mary *on the rocks* 81
Mary Pickford 252
Mary Pickford *allongé* 340
Mary-Rose *on the rocks* 84
Mascia *cocktail* 84
Massimiliana *after dinner* 153
Matai *punch* 340
Mato *cocktail* 84
Matrioska *cocktail* 153
Matthew *after dinner* 154
Maureen *cobbler* 254
Mela *exotic* 254
Melone 1 *exotic* 254
Melone 2 *exotic* 254
Melone 3 *exotic* 255
Melone 4 *exotic* 255
Merletto *on the rocks* 154
Mexican *long drink* 340
Micheland *cocktail* 84
Michelangelo *punch* 340
Mikado 256
Milanais *cocktail* 84
Milan & Turin *on the rocks* 85
Milan & Turin *allongé* 341
Mildred *cooler* 341
Miles *cocktail* 85
Milk And Bourbon *punch* 341
Milly *on the rocks* 154
Mimosa *sparkling* 255
Minnie *punch* 341
Mint Julep *julep* 154
Mint Julep *allongé* 341
Mirabelle *arc-en-ciel* 155
Mirabelle Blue *sour* 255
Mirmandarine *after dinner* 155
Miss Carrie Kenn *sangaree* 255
Miss Univers *exotic* 258
Miss Venise *fancy* 258
Mist & Mist *on the rocks* 155
Mitzi *cocktail* 85
Mizar *after dinner* 155
Moira *cocktail* 85
Mojito 1 *long drink* 344
Mojito 2 *long drink* 344
Moll *arc-en-ciel* 155
Monaco *arc-en-ciel* 157
Monica *cocktail champagne* 258
Monkey Gland 262
Monkey Gland *allongé* 344
Montesquieu *after dinner* 157
Morag *long drink* 344
Moran *long drink* 345
Moreen *punch* 345
Muriel *mist* 345
My Girl *after dinner* 157
Mysia *frozen* 258

Nahum *exotic* 258
Nassau *on the rocks* 157
Natty's Pink *long drink* 345

Negroni 266
Negroni *allongé* 345
Nereo *cooler* 347
Nicol *mist* 347
Nicoletta *after dinner* 157
Nigel *cocktail champagne* 259
Nikolascka *after dinner* 158
Nina *long drink* 347
Noche De Amor *long drink* 347
Norma 2 *on the rocks* 85
Norma 3 *on the rocks* 158
Norman *long drink* 350

Oasis *long drink* 350
Odo *long drink* 350
Olaf *long drink* 350
Old Fashioned 278
Old Fashioned *allongé* 351
Old Pal 290
Old Pal *allongé* 351, 355
Omar *cocktail* 86
Ombretta Colli *cocktail* 86
Orange *exotic* 205
Orange Blossom 296
Orange Blossom *allongé* 351
Orangemist *mist* 351
Orangilli *on the rocks* 158
Orchidée *cocktail* 86
Orea *long drink* 352
Oregon *on the rocks* 158
Oreste *frappé* 158
Oriental 304
Oriental *allongé* 352
Original *cocktail* 86
Orsini *long drink* 352
Orson *long drink* 352
Orson Welles *on the rocks* 87
Osé *cocktail* 87

Palma *long drink* 353
Pamplemousse *exotic* 261
Paola *on the rocks* 159
Paradise 312
Paradise *allongé* 353
Parisian 320
Parisian *allongé* 353
Parnel *sans alcool* 259
Passion Fruit *after dinner* 159
Passion Grecque *frappé* 159
Pas de deux *long drink* 353
Pastèque *exotic* 201
Paterson *long drink* 356
Patience *fancy* 259
Paties *crusta* 259
Patrizia *cocktail* 87
Paul *on the rocks* 87
Pera *exotic* 259
Perey *long drink* 356
Perfect Manhattan *cocktail* 90
Perfect Picon *on the rocks* 159

Perfect Rob Roy *on the rocks* 90
Pernod *apéritif* 90
Perroquet *long drink* 356
Perroquet N.F. *long drink* 356
Perry *sans alcool* 261
Pesca Rosata *sparkling* 261
Philip *cocktail* 90
Philly *cocktail* 91
Piccolino *cocktail* 91
Pierre *long drink* 357
Pimm's 1 *cooler* 357
Piñacolado *frozen* 261
Pink Gin *cocktail* 91
Pink Lady (v. White Lady)
Pink Pear *mist* 357
Pink Pernod *mist* 357
Pipeltjens *after dinner* 159
Piria *cocktail* 91
Pisco Pink *sour* 261
Pisco Punch *punch* 360
Pittsburgh *mist* 360
Planters 328
Planter's *punch* 360
Planter's 2 *punch* 360
Poire *exotic* 259
Polonia *arc-en-ciel* 162
Pomme *exotic* 254
Pompelmo 1 *exotic* 261
Pompelmo 2 *exotic* 264
Porter *cobbler* 264
Porto Flip *flip* 264
Pousse-L'Amour *arc-en-ciel* 162
Prairie Oyster *after dinner* 162
Prairie Oyster *fancy* 264
Pratile Rouge *fancy* 265
Preston *long drink* 361
Primrose *sangaree* 265
Princeton 334
Puccini *sparkling* 265
Punto Uno *long drink* 361
Puszta *after dinner* 162

Quaresimimi *after dinner* 162
Quatre Roues *on the rocks* 163
Quinamaro *on the rocks* 163

Raffaella *after dinner* 163
Rainbow *arc-en-ciel* 163
Rambo *on the rocks* 93
Ramona *long drink* 361
Red & Dark *on the rocks* 164
Red & White *arc-en-ciel* 164
Rembrandt *cocktail champagne* 265
Renaissance *cocktail champagne* 265
Reuben *toddy* 268
Rhoda *eggnog* 268
Rhum Collins *collins* 361
Rhys *sparkling* 268

Ria *after dinner* 164
Rimer *long drink* 362
Rio Novo *after dinner* 164
Risque-Tout *sparkling* 268
Rob Roy 338
Robert 2 *long drink* 362
Robins *long drink* 362
Rogers *long drink* 362
Romantica *mist* 364
Ron And Tonic *highball* 364
Roobin *fizz* 269
Rosa Del Rio *mist* 364
Rosalba *smash* 93
Rosalia *smash* 93
Rosalinda *cocktail* 93
Rosanna *on the rocks* 164
Rosatea *on the rocks* 94
Rose 342
Rose Bird *after dinner* 168
Rose's Gin *on the rocks* 94
Royal Cobbler *cobbler* 269
Rugiada Rosa *cocktail* 94
Rugiada Royal *after dinner* 168
Rusty Nail *on the rocks* 168

Sabra & Coffee *after dinner* 168
Sabra & Mint *after dinner* 168
Sacco *after dinner* 169
Salvionnata *on the rocks* 169
Sammy *cobbler* 269
Samoa *shake* 169
Samoa *sparkling* 269
San Valentino *sling* 364
Sandro 1 *on the rocks* 169
Sandys *shake* 172
Sangria 1 New F. 270
Sangria 2 New F. 270
Sangria 3 New F. 271
Sangria 4 New F. 271
Sangria 5 New F. 271
Sangria 6 New F. 271
Sangria 7 New F. 271
Sangria 8 New F. 274
Sangria 9 New F. 274
Sangria 10 New F. 274
Sangria 11 New F. 274
Sangria 12 New F. 274
Santa Margherita *cocktail* 94
Sara *cocktail champagne* 275
Saratoga *on the rocks* 172
Saronno *on the rocks* 172
Sauza Rosada *long drink* 364
Savile *shake* 172
Savoy *on the rocks* 172
Scarlet & Blue *arc-en-ciel* 173
Sciltian *after dinner* 173
Scotch Dalmor *sour* 275
Seamus *sorbet* 173
Sean *sorbet* 173

Sedley *shake* 176
Selden *shake* 176
Select New Fashioned *on the rocks* 95
Sensation *on the rocks* 176
Serge *shake* 176
Seth *sorbet* 177
Shadow *after dinner* 177
Shak *shake* 177
Shandy *shake* 177
Shane *sorbet* 179
Sheila *sorbet* 179
Shelley *shake* 179
Sherman *shake* 179
Sherry Mavis *fancy* 275
Shirley *sorbet* 182
Shirley Temple 2 *sans alcool* 275
Shylock *sorbet* 182
Sidecar 348
Sidney *sorbet* 182
Silas *sorbet* 182
Silva *on the rocks* 95
Silver And Cold *cocktail* 95
Simonetta *after dinner* 182
Singleton *shake* 183
Skelton *shake* 183
Ski Lift *mist* 365
Skiwasser *sans alcool* 275
Songe d'Été *long drink* 365
Sometimes *cocktail* 95
Sparkling Love *cocktail champagne* 277
Sport & Cuba *on the rocks* 183
Spritz-Amaro *apéritif* 99
Spritz Angers *apéritif* 98
Spritz-Artic *apéritif* 98
Spritz-Bitter *apéritif* 98
Spritz-Fraise *apéritif* 99
Spritz-Guignolet *apéritif* 98
Spritz-Martini *apéritif* 98
Spritz-Picon *apéritif* 99
Spritz Rosé *apéritif* 99
Spritz-Suze *apéritif* 99
Spritz Vert *apéritif* 101
Stanley *sorbet* 183
Stein *sling* 365
Sterne *sling* 365
Stevens *shake* 183
Stinger 358
Stinger *allongé* 365
Stinger New F. *julep* 184
Stuart *long drink* 366
Suisse *arc-en-ciel* 184
Sumner *long drink* 366
Sweet Angers *fizz* 277
Sweet & Imperial *cooler* 366

Taft *long drink* 366
Taglio-Abricot *sans alcool* 277
Taglio-Citron *sans alcool* 277
Taglio-Fraise *sans alcool* 280
Taglio-Menthe *sans alcool* 280
Taglio-Orange *sans alcool* 277
Talbot *cocktail champagne* 280
Taylor *mist* 367
Tequila Collins *collins* 367
Tequila Frozen *frozen* 280
Tequila Mist *mist* 367
The King *long drink* 367
Tia And Jim *mist* 367
Tiziano *sparkling* 280
Tom Collins *collins* 370
Topka *sangaree* 281
Torre *cocktail* 101
Tracy *fancy* 281
Tre A Uno *mist* 370
Trina *cooler* 370
Trinacria *mist* 370
Tropical *sans alcool* 281
Tropico *fancy* 281
Turkish Flag 2 *arc-en-ciel* 184

Udall *after dinner* 184
Ulrick *arc-en-ciel* 185
Ungheria *arc-en-ciel* 185
Unimint Julep *julep* 185
Union *on the rocks* 185

Valera *long drink* 371
Vandemberg *highball* 371
Vanessa *long drink* 371
Vatican *arc-en-ciel* 185
Vecio Gondoliere *after dinner* 186
Venezuela *arc-en-ciel* 186
Venice And You *fancy* 281
Venice And You *mist* 371
Venice Remember *fancy* 283
Verde Rinascimento *long drink* 371
Vernon 2 *long drink* 372
Victor *mist* 372
Violet *mist* 372
Vip Girl *on the rocks* 186
Vip Voice *fancy* 283
Virgil *after dinner* 186
Vitalité *cocktail* 101
Vodka And Tonic *highball* 372
Vodka Pink *sour* 283
Vodkatini *allongé* 372
Vogue Club *on the rocks* 186
Vogue 87 *long drink* 373

Waldina *long drink* 373
Wallner *long drink* 373
Walzer *swizzle* 373
Warren *long drink* 373
Warren *mist* 376
Wendy *frappé* 190
Wendy *long drink* 376
West Side *cocktail* 101
Whiskey & Cacao *after dinner* 190
Whisky Dark *after dinner* 190
Whisky Sour (v. Brandy Sour)
White Cock *coller* 376
White & Violet *arc-en-ciel* 190
White Lady 368
White Mary *frappé* 191
White Mary *mist* 376
White Ramp *after dinner* 191
White Spider *on the rocks* 191
White Wave *long drink* 376
Wilfred *after dinner* 191
Will Richard *long drink* 377
Williams *mist* 377
Wilma *long drink* 377
Wind *on the rocks* 101
Winnie *after dinner* 192
Winston *sour* 283
Wojtila *on the rocks* 104
Wojtila 2 *on the rocks* 192

Xérès Rose *long drink* 377

Yagoriv *on the rocks* 104
Yehudi *zombie* 284

Zingaro *zombie* 284
Za-Za 374
Ziegfeld *swizzle* 377
Zurro *on the rocks* 104